Zeichnen und Skizzieren

DAS KOMPLETTE SET
FÜR EINSTEIGER

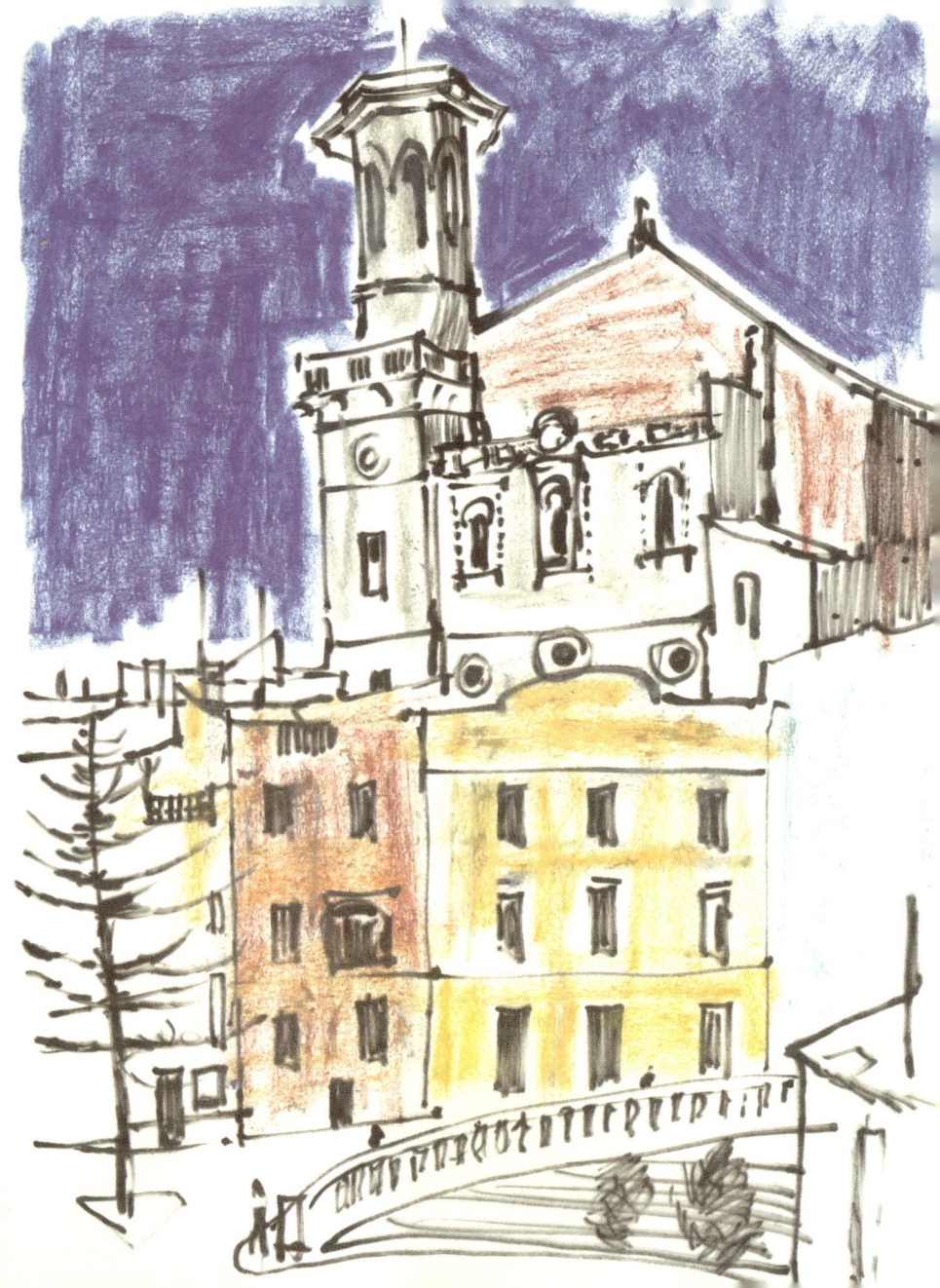

Zeichnen und Skizzieren

DAS KOMPLETTE SET
FÜR EINSTEIGER

Text von
ANGELA GAIR

Zeichnungen von
ANTHONY COLBERT

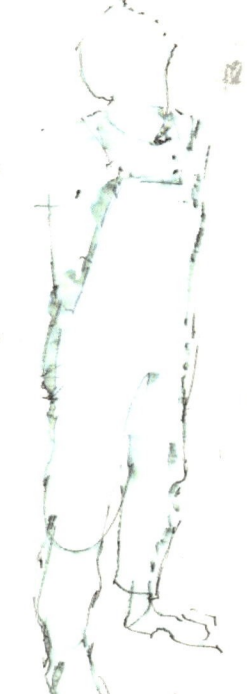

© für diese Ausgabe:
2004 Fleurus Verlag GmbH,
Lindenstraße 20, 50674 Köln

The Sketchbook Kit.
An Artist's Guide to Materials,
Techniques, and Projects
Text © 2001 The Ivy Press Limited
Illustrationen © 2001 Anthony Colbert
Konzept, Design und Herstellung:
© The Ivy Press Limited,
The Old Candlemakers, Lewes,
East Sussex BN7 2NZ
Alle Rechte vorbehalten

Übersetzung aus dem Englischen:
Ursula Fethke

ISBN 3-89717-240-2
Printed in China

10 9 8 7 6 5 4

INHALT

- IHR SKIZZENBUCH 6
- ALLTAGSGEGENSTÄNDE zeichnen 22
- IN INNENRÄUMEN zeichnen 34
- TIERE zeichnen 46
- MENSCHEN zeichnen 58
- KINDER zeichnen 76
- LANDSCHAFTEN zeichnen 84
- GEBÄUDE zeichnen 100
- MENSCHEN und Orte 110
- NACH DER NATUR zeichnen 118
- EINBILDUNGSKRAFT und Fantasie 132
- VON MEISTERN lernen 140
- REGISTER 142
- DANKSAGUNG 144

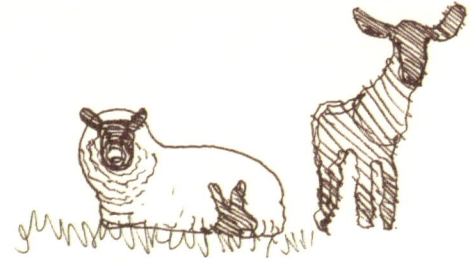

IHR SKIZZENBUCH

Wenn Sie wirklich zeichnen lernen möchten, sollten Sie sich angewöhnen, immer ein kleines Skizzenbuch bei sich zu tragen. Nutzen Sie jede Gelegenheit, um zu zeichnen. Skizzen brauchen nicht perfekt zu sein und man muss sie auch nicht fertig stellen. Niemand beurteilt Sie anhand Ihrer Skizzen. Mit einem Stift und einem Blatt Papier lässt sich vieles auf die Schnelle festhalten: das flüchtige Spiel des Lichtes, ein fesselndes Gesicht oder die eleganten Konturen einer Katze, die sich in der Sonne ausstreckt. Am besten zeichnen Sie jeden Tag ein Motiv, egal wie klein es sein mag. Denn mit dieser Übung verbessert man schnell Beobachtungsgabe und Zeichenkünste. Wer Gegenstände sehr aufmerksam betrachtet und sie in Skizzenbüchern festhält, wird die Welt mit neuen Augen sehen und vieles besser verstehen.

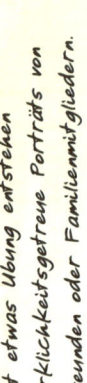

Mit etwas Übung entstehen wirklichkeitsgetreue Porträts von Freunden oder Familienmitgliedern.

Ein Skizzenbuch kann zu einer wahren Fundgrube werden, die zu Zeichnungen oder Gemälden inspiriert. Wie auf einem Testgelände lassen sich in ihm neue Kompositionen und Wiedergabetechniken ausprobieren. Außerdem ist es eine Art Tagebuch. Und vor allem bietet es Ihnen Gelegenheit, ganz einfach aus purer Lust am Beobachten und Wiedergeben ein Motiv festzuhalten, das Ihnen gefällt. Viele Künstler stellen fest, dass das Zeichnen süchtig machen kann – so viel Spaß macht es! Nach ein paar Jahren hat man dann schon eine richtige Sammlung von Skizzenbüchern zusammen. Sie stellen eine reiche Quelle an Inspiration und Bildmaterial dar. Zum einen dokumentieren sie Ihre künstlerische Entwicklung. Zum anderen bergen sie schöne Erinnerungen an Orte, Menschen, Tiere und Gegenstände. Skizzenbücher sind somit auch ganz besondere Bildertagebücher.

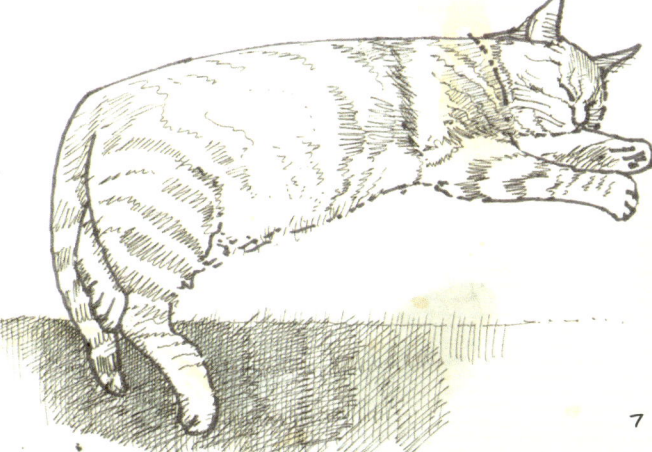

Tiere sind schwer zu zeichnen, aber ein faszinierendes Thema.

ZEICHENMATERIAL

Das Spannende am Zeichnen ist auch das umfangreiche Handwerkszeug, das Ihnen zur Verfügung steht. Wer mit unterschiedlichen Zeichenmitteln und Papiersorten experimentiert, erhält seinen Zeichnungen die Frische.

MONOCHROME ZEICHNUNGEN führt man üblicherweise mit Bleistift oder Feder aus. Wie viele Details eine schlichte einfarbige Zeichnung enthalten kann, ist immer wieder erstaunlich.

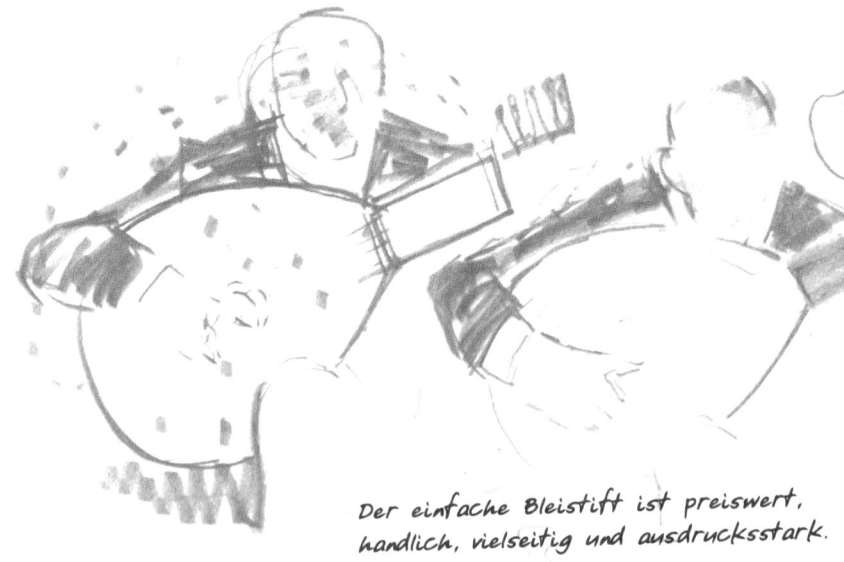

Der einfache Bleistift ist preiswert, handlich, vielseitig und ausdrucksstark.

BLEISTIFTE gibt es in unterschiedlichen Härtegraden von H (hart) bis B (weich). Für allgemeine Zeichnungen eignet sich ein mittelweicher HB-Stift gut. Der sehr weiche 6B-Stift ermöglicht die verschiedensten linearen und flächigen Effekte. Mit angefeuchteten wasserlöslichen Stiften kann man schöne Lavierungen erzielen.

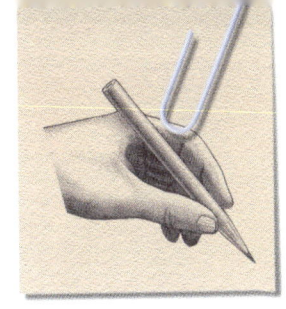

Es gibt noch andere Zeichenstifte: Drehbleistifte müssen nicht angespitzt werden. Ein flacher Zimmermannsstift mit rechteckiger Mine ermöglicht breite, körnige Striche und trotzdem auch feine Linien. Grafitstäbe sind besonders weich und expressiv.

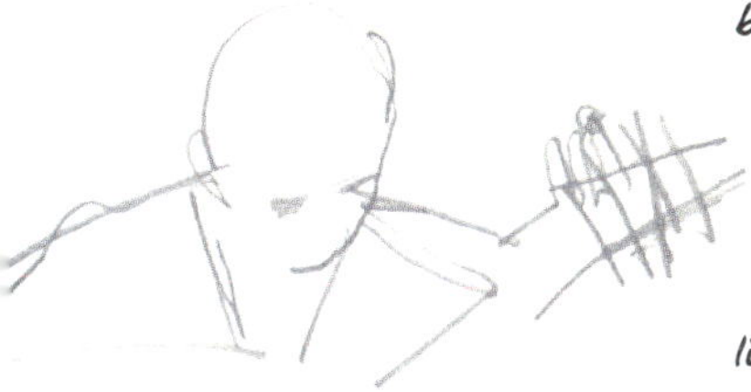

KOHLE erzielt unvergleichliche Tiefe und Hell-Dunkel-Abstufungen. Man unterscheidet die vielseitige natürliche Zeichenkohle aus Holz sowie die synthetische komprimierte Kohle. Letztere zeichnet wachsartiger und ist schwieriger auf dem Papier zu handhaben. Außerdem gibt es Kohlestifte im Holzmantel, mit denen man sauber und einfach arbeiten kann.

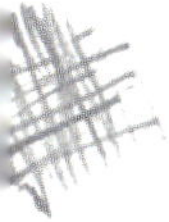

RÖTEL ist ein weicher Naturstein, der als Stab oder Stift in verschiedenen Rot- und Brauntönen angeboten wird. Unter den monochromen Zeichenmitteln gehört er zu den reizvollsten. Auf rauem Malgrund reibt er sich als intensiver Strich ab, aber auch feine Linien sind mit ihm möglich.

FEDER UND TUSCHE Federn aus Metall, Gänsekielen, Rohr oder Bambus sind leicht, biegsam und zeichnen schnelle, lebhafte Striche. Die Linien von Filzstift, Rollerball und Rapidograph sind gleichmäßiger, können aber für Effekte unterbrochen werden.

Tusche gibt es in schwarz und in vielen Farben.

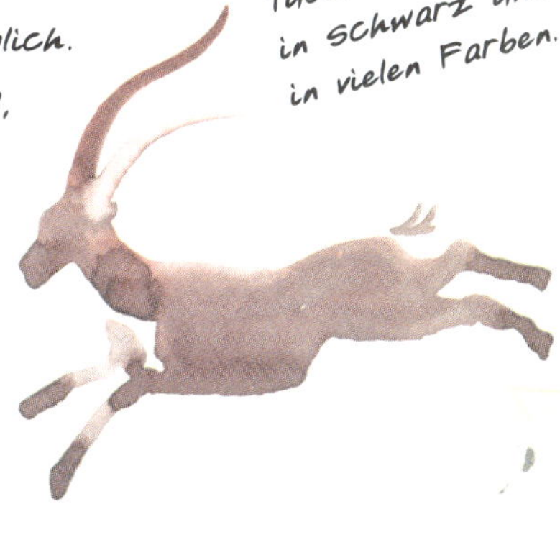

FARBIGE ZEICHENMITTEL stehen in einer großen Auswahl zur Verfügung. Einsetzen kann man sie auf unterschiedlichste Weise.

KREIDE hat eine schöne spröde Qualität und lässt sich verwischen. Es gibt sie in vielen Farbtönen. Mit ihr zeichnet man feine Linien, aber auch große Flächen.
PASTELLSTIFTE vereinen die Verwischbarkeit von Kreide mit der Annehmlichkeit und der Vielseitigkeit von Stiften. Sie eignen sich hervorragend für rasche Vor-Ort-Skizzen.
ÖLKREIDEN bieten intensive, starke Farbtöne. Sie setzen dicke, breite Striche in leuchtenden reinen Farben.
FARBSTIFTE werden in vielen verschiedenen Farbtönen angeboten. Sie eignen sich gut für schnelle Farbakzente. Zwar lassen sich die Farben nicht mischen, aber man kann sie übereinander auftragen, um lebhafte Effekte zu erhalten.
WASSERLÖSLICHE FARBSTIFTE bieten Ihnen die Möglichkeit, Zeichnen und Malen miteinander zu verbinden. Mit einem nassen Pinsel gestalten Sie zarte farbige Lavierungen.

AQUARELL

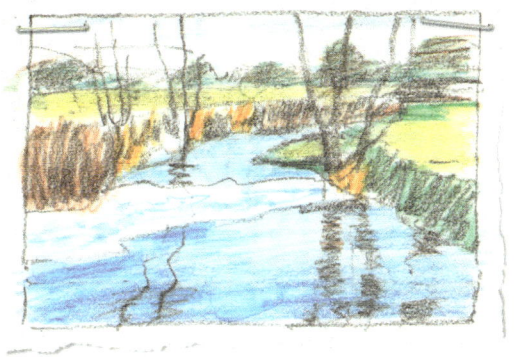

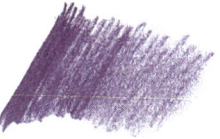

PASTELLSTIFT

ÖLKREIDE

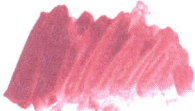

FARBE

WASSERLÖSLICHER
FARBSTIFT

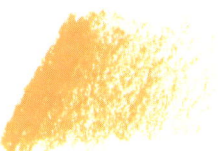

FARBSTIFT

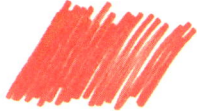

FILZSTIFT

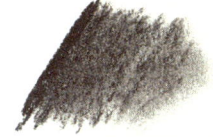

KREIDE

FILZSTIFTE haben zwar keine feine Spitze, aber man kann mit ihnen Stimmungen farbenfroh einfangen. Sie fördern auch einen lebhaften, schnellen Zeichenstil. Es gibt sie mit schmalerer und breiterer Spitze in den verschiedensten Farbtönen. FARBEN wie Aquarell-, Gouache- oder Acrylfarben eignen sich besonders gut, um schnelle Farbeindrücke festzuhalten. Kombiniert mit einem „trockenen" Zeichenstift bewirken sie komplexe Farb- und Textureffekte. Sie sind außerdem bequem, weil man sie nur mit Wasser verdünnt. Schon zwei oder drei Farben reichen zum Zeichnen aus. Mit einem guten Pinsel gestalten sie großflächige Lavierungen, aber auch feine Linien und Details. Entscheiden Sie sich für einen mittelgroßen Pinsel, denn kleine bestärken sie in einem zu kleinteiligen Zeichenstil.

DAS SKIZZENBUCH AUSWÄHLEN

Skizzenbücher werden in den unterschiedlichsten Größen und Materialien angeboten. Entscheiden Sie sich am besten für zwei: ein kleines für schnelle Skizzen und ein Größeres, um aufwändigere Studien anzufertigen. Skizzenbücher mit hartem Einband halten länger und bei Bedarf kann man auf einer Doppelseite zeichnen. Bei einer Spiralbindung können Sie einzelne Seiten problemlos herausreißen. Die Papiersorten und -qualitäten variieren. Die meisten Skizzenbücher enthalten Standardpapier oder ein feineres Zeichenpapier. Zeichenblöcke mit getöntem Papier sind ideal für Pastell- und Rötelzeichnungen. Aquarellblöcke haben eine verstärkte Rückseite.

ZEICHENZUBEHÖR

Mit dem Radierer sollten Sie möglichst wenig arbeiten: Eine Zeichnung kann ihre Geschichte ruhig zeigen! Knetgummi oder Plastikradierer eignen sich gut, denn sie schmieren nicht. Wenn Sie in Pastell, Kohle oder mit einem sehr weichen Stift zeichnen, machen Sie Ihr Werk mit einem Fixativ wischfest. Wer auf losem Papier skizziert, braucht ein Zeichenbrett. Das Papier wird mit Klammern oder Klebstreifen darauf befestigt.

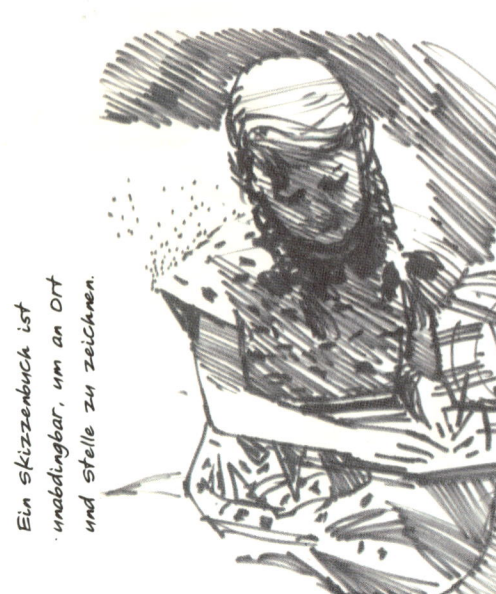

Ein Skizzenbuch ist unabdingbar, um an Ort und Stelle zu zeichnen.

DAS PAPIER

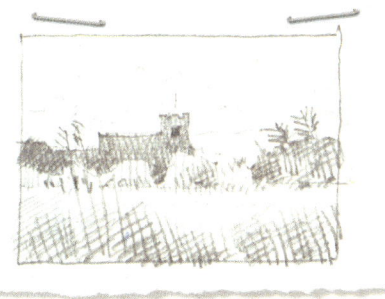

Papier hat unterschiedliche Oberflächen, von glatt bis stark strukturiert. Einige Sorten eignen sich besser als andere für bestimmte Zeichengeräte. Auf glattem Papier arbeiten Sie hervorragend mit Feder und Tusche. Spröde Materialien wie Kohle oder Pastellkreiden benötigen eine raue Oberfläche, welche die Pigmente „festhält". Wer gerne laviert, sollte ein dickes Papier wählen, das sich nicht wellt.

STANDARDPAPIER ist vielseitig und bietet sich für verschiedene Zeichengeräte an. Auf der glatten Oberfläche lässt sich besonders gut mit dem Bleistift zeichnen.

ZEICHENPAPIER ist besonders glatt und hat fast kein Korn. Für Bleistift oder Feder ist es eine gute Wahl.

GETÖNTES PAPIER ist in einer großen Auswahl von kräftigen und zarten Farbtönen erhältlich. Beliebte Sorten sind Ingres-Büttenpapier und Cansonpapier (Mi-teintes). Sie eignen sich für Pastell, Rötel und Farbstift.

AQUARELLPAPIER verwendet man für das Zeichnen wie auch das Malen. Glattes (heiß gepresstes) Papier eignet sich für Feder und Tinte. „Nicht" oder kalt gepresstes Papier hat eine strukturierte Oberfläche: sie unterbricht den Strich und belebt so die Zeichnung.

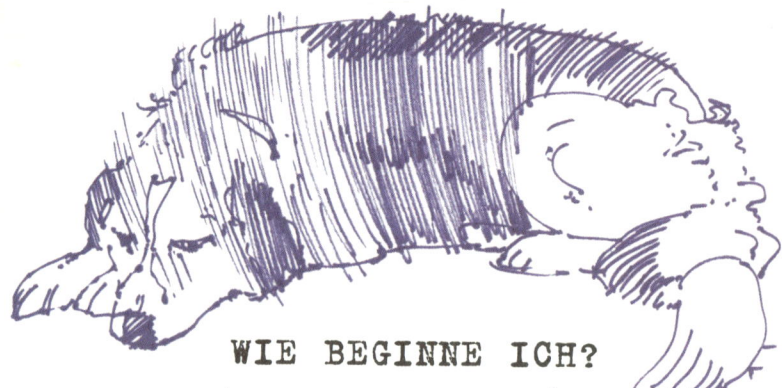

WIE BEGINNE ICH?

Wer zeichnen möchte, braucht nicht lange auf eine Inspiration zu warten! Überall fallen geeignete Themen ins Auge. Picasso sagte einmal: „Ich suche nicht. Ich finde." Selbst die einfachsten Gegenstände können Motive für eine gute Studie sein: ein Paar alte Schuhe, der Lieblingssessel, ein Zufallsarrangement von Gegenständen. Entscheidend ist, dass Sie etwas Wichtiges über sie zu sagen haben. Beginnen Sie mit einfachen Objekten aus dem Alltag und zeichnen Sie sie mit einem Bleistift. Danach können Sie dazu übergehen, Familienmitglieder oder Haustiere zu skizzieren. Je besser man wird, desto mehr Lust bekommt man auf weitere Motive.

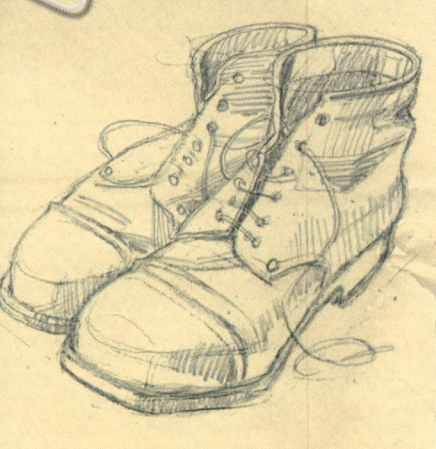

INSPIRATION

Wenn Sie etwas Inspirierendes sehen, skizzieren Sie es auf der Stelle – und sei es auf einem Briefumschlag.

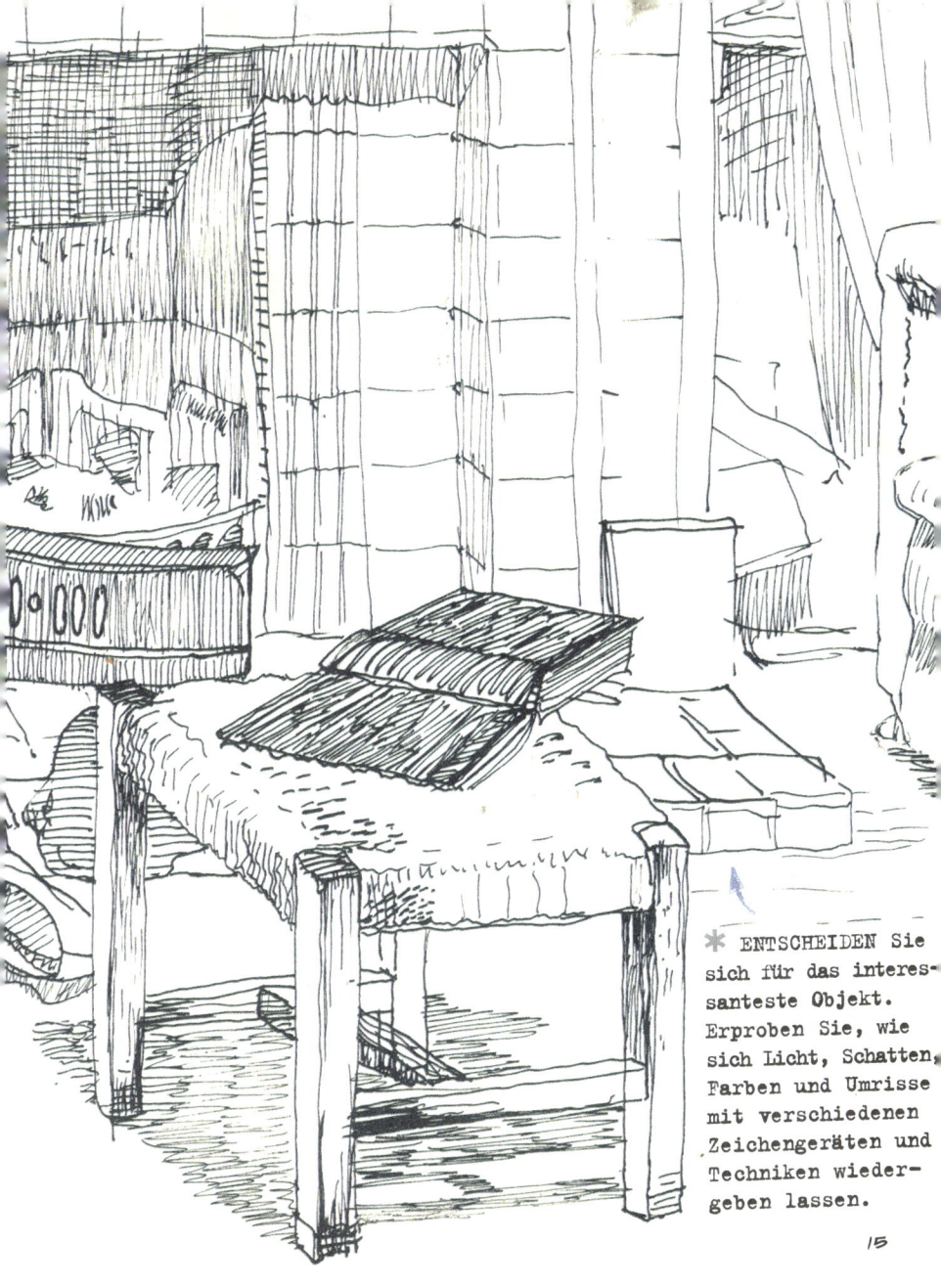

* ENTSCHEIDEN Sie sich für das interessanteste Objekt. Erproben Sie, wie sich Licht, Schatten, Farben und Umrisse mit verschiedenen Zeichengeräten und Techniken wiedergeben lassen.

KOMPOSITION

Für eine Skizze brauchen sie nicht unbedingt eine Gesamtkomposition festzulegen. Soll die Zeichnung aber als Entwurf für ein Gemälde dienen, dann ist es wichtig, dass Formen, Ton- und Farbwerte sich zu einer ausgewogenen Komposition ergänzen. Im Allgemeinen lässt sich eine solche erzielen, indem man die Bildfläche in ungleich große Bereiche untergliedert.

RAHMEN

Mit einem Rahmen wählen Sie einen bestimmten Bildausschnitt aus, den Sie zeichnen möchten. Der Rahmen lässt sich leicht aus zwei L-förmigen Stücken aus schwarzer Pappe fertigen. Man hält ihn auf Armlänge von sich weg, schließt ein Auge und bewegt den Arm so lange vor, zurück und zur Seite, bis man den gewünschten Ausschnitt hat.

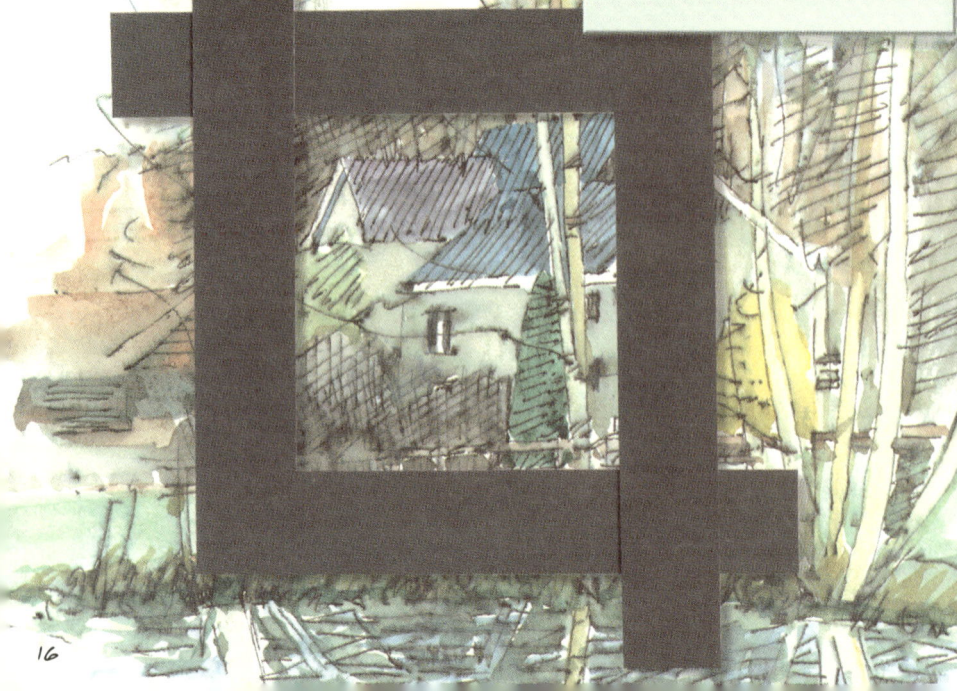

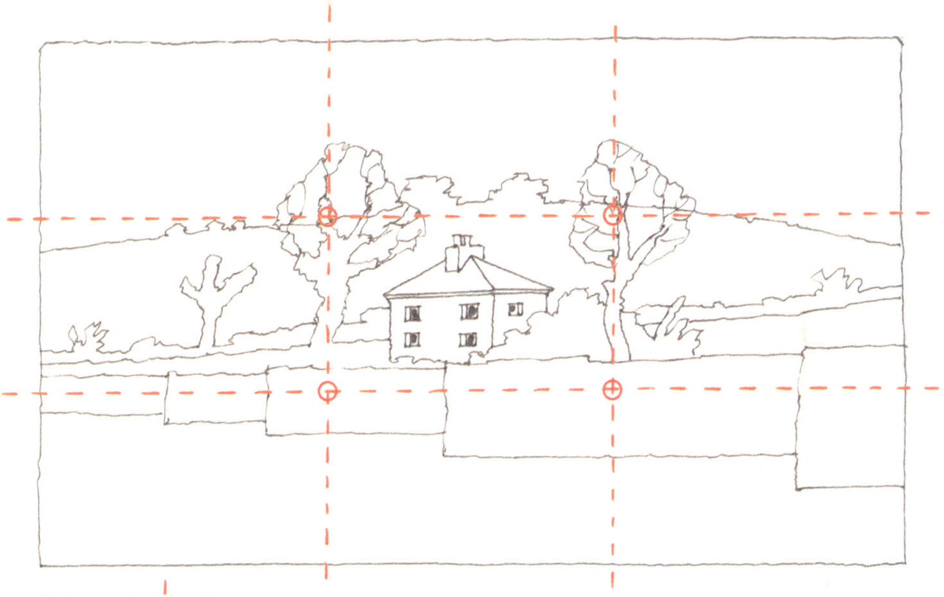

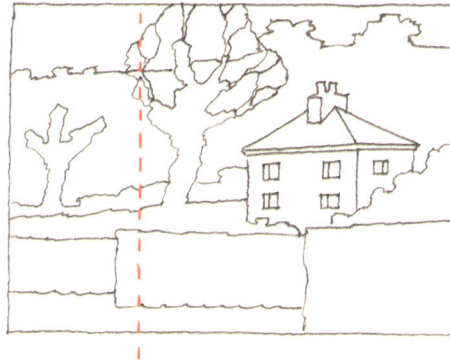

Dritteln Sie das Papier im Geiste jeweils horizontal und vertikal. Auf den gedachten Linien lassen sich auffällige waagerechte oder senkrechte Bildelemente anordnen. Auf den Schnittstellen der Linien platzieren Sie das Hauptelement.

Das Hauptelement darf sich nicht in der Mitte des Bildes oder in den Ecken befinden. Ob die Komposition ausgewogen ist, können Sie leicht feststellen, indem Sie die Formen der Nebenelemente betrachten.

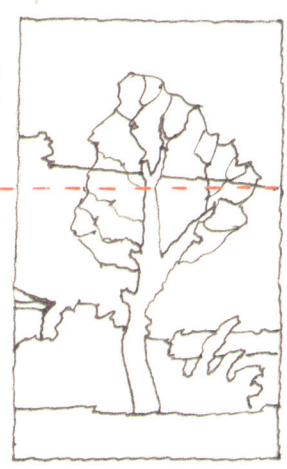

Für einen Baum eignet sich gut ein Hochformat. Der Himmel nimmt das obere Drittel des Bildes ein, das Hauptelement die restlichen zwei Drittel.

DIE PERSPEKTIVE

Mit der Linearperspektive geben Künstler dreidimensionale Gegenstände überzeugend auf einem flachen, zweidimensionalen Blatt Papier wieder. Arbeiten Sie sorgfältig, haben die Proportionen der Gegenstände auf dem Papier und die Entfernungen zwischen ihnen genau das Verhältnis zueinander, wie das Auge sie in der Wirklichkeit wahrnimmt. Die Gesetze der Perspektive beruhen auf einfachen Grundregeln.

✱ GESTAFFELTE Objekte wie diese Lehnen erscheinen dem Auge immer kleiner und enger beieinander, je weiter sie entfernt sind.

✱ OBJEKTE im Vordergrund wirken größer als die im Hintergrund. Verdoppelt sich der Abstand zu einer Person, erscheint diese nur noch halb so groß.

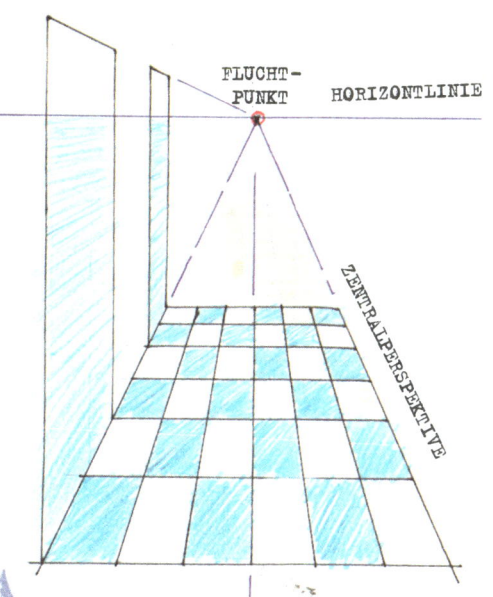

GRUNDWISSEN

AUGENHÖHE Die Höhe, von der aus man einen Gegenstand sieht.

HORIZONTLINIE Dort treffen Himmel und Erde scheinbar aufeinander. Die Horizontlinie liegt immer in Augenhöhe.

FLUCHTLINIEN Parallelen, die in der Tiefe des Raumes zusammenzulaufen scheinen.

FLUCHTPUNKT Der Punkt auf der Horizontlinie, in dem sich die Fluchtlinien treffen.

✱ DIE Zentral- oder Parallelperspektive ergibt sich, wenn man eine Straße oder einen Gang entlangblickt. Alle Parallelen wie Mauern, Zäune usw. scheinen am Horizont in einem einzigen Fluchtpunkt zusammenzulaufen. Die Linien oberhalb der Augenhöhe flüchten hinunter zum Horizont, die Linien unterhalb der Augenhöhe hinauf.

✱ EINE Eck- oder Schrägperspektive liegt vor, wenn zwei Seiten eines Gegenstandes zu sehen sind, etwa bei einem Gebäude. Für diese Seiten ergeben sich zwei Gruppen von Parallelen, die sich in zwei verschiedenen Fluchtpunkten treffen.

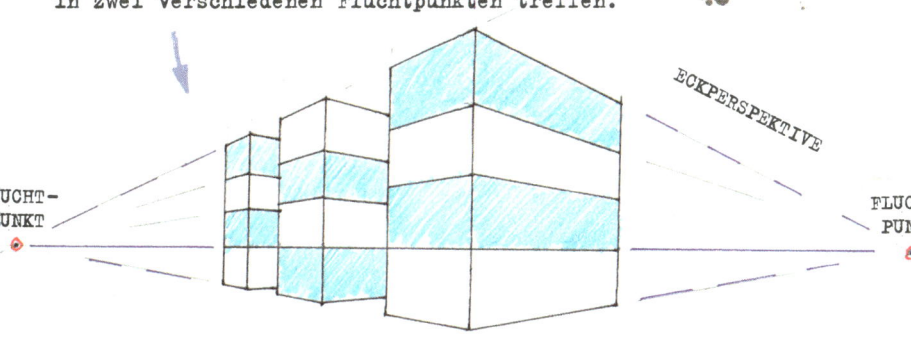

DUNKEL MITTEL HELL

HELLGELB

GELB

ORANGE

ROT

MAGENTA

VIOLETT

INDIGO

TÜRKIS

BLAU

GRÜN

HELLGRÜN

TON- UND FARBWERT

Der Begriff „Tonwert" drückt aus, wie hell oder dunkel ein Gegenstand ist, egal welche Farbe er hat. Jede Farbe hat einen Tonwert, der sich von Weiß bis Schwarz erstreckt und dazwischen über unzählige Graustufungen verfügt. Das sehen Sie gut an den beiden Zeichnungen rechts. Es ist wichtig, die Farben als Tonwerte wahrzunehmen. Nur dann können Sie eine harmonische Komposition gestalten, in der sich die Tonwerte ergänzen.

* MEHRERE Farben, ähnliche Tonwerte.

* Tonwertskala von Dunkel bis Hell: Für die Abstufungen variiert man den Abstand zwischen den Schraffuren.

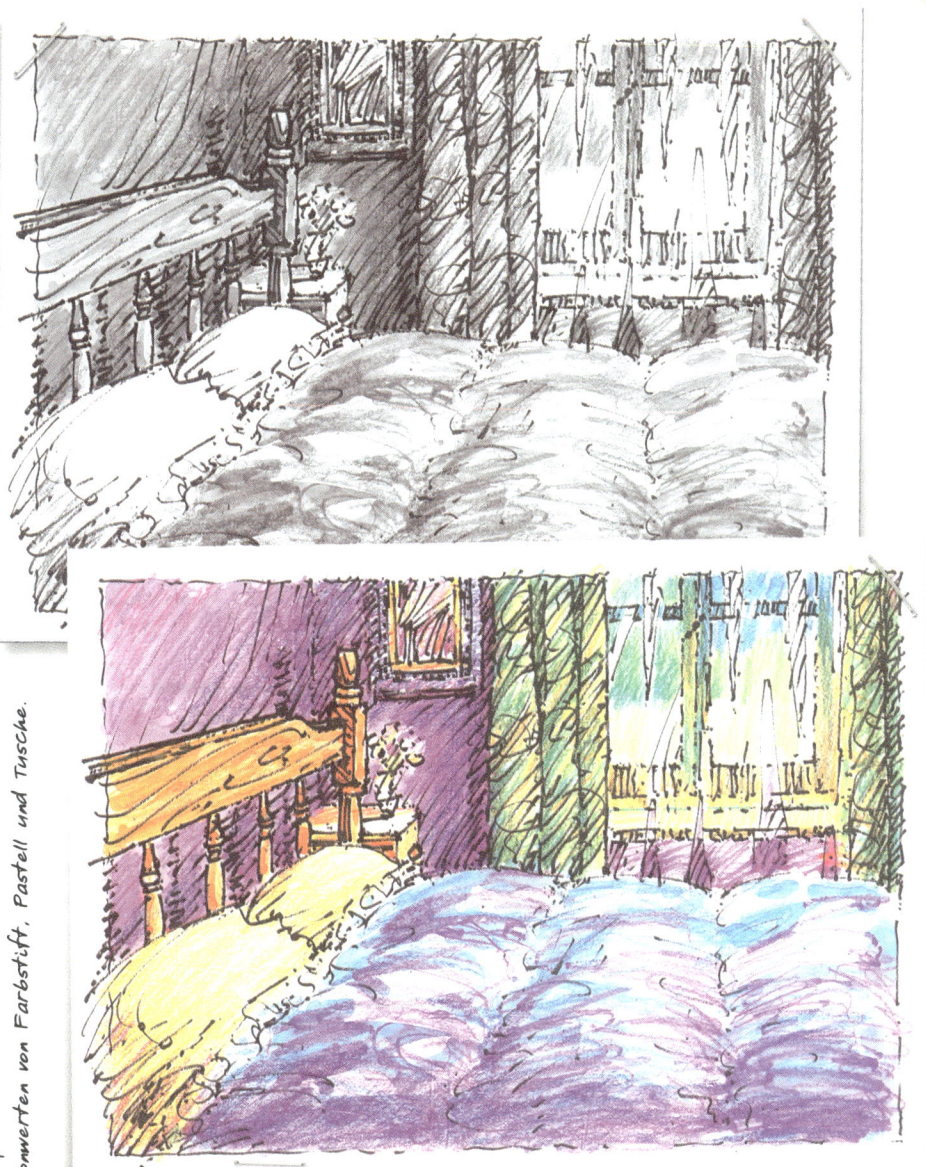

Tonwerten von Farbstift, Pastell und Tusche.

"Weiße Tasse und Untertasse" (1864)
HENRI FANTIN-LATOUR (1836-1904)

"Stillleben"
SAMUEL JOHN
PEPLOE
(1871-1935)

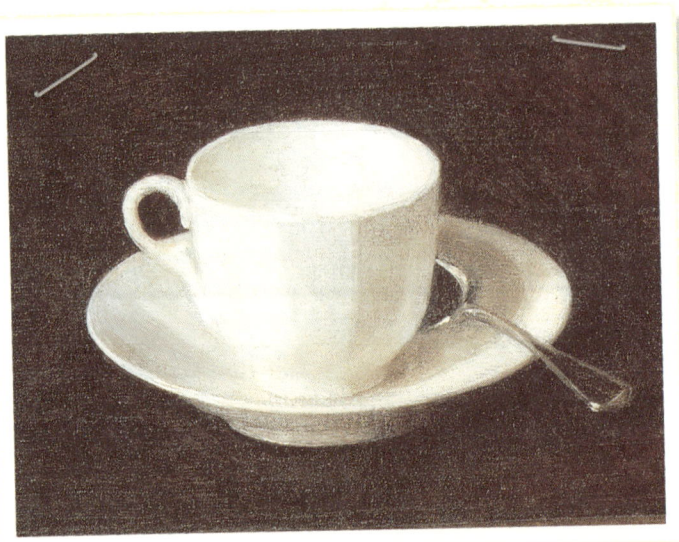

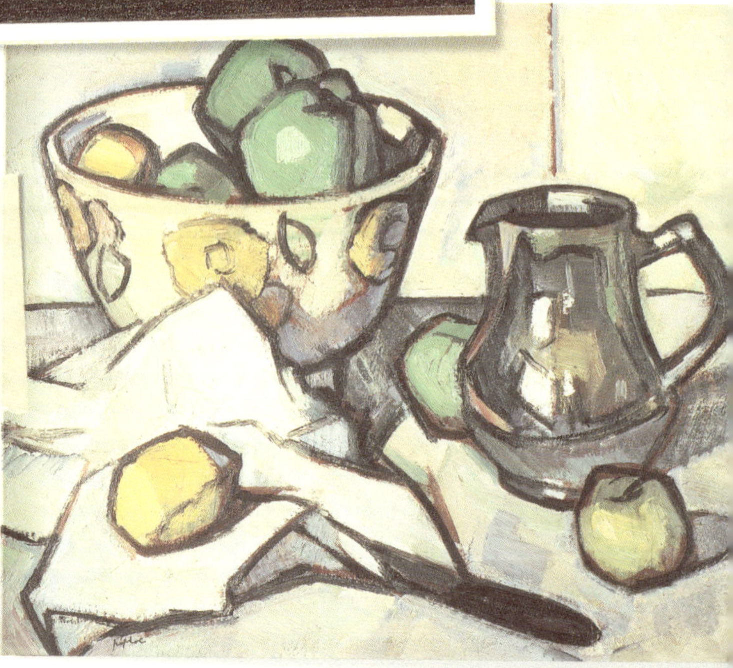

„Fruchtschale und Karaffe" JUAN GRIS (1887-1927)

ALLTAGSGEGENSTÄNDE ZEICHNEN Üben Sie Zeichnen, indem Sie einfache, alltägliche Gegenstände skizzieren. Zwiebeln auf einem Tisch zum Beispiel sind geeignete Motive: Sie bieten überraschend viele Farben, Formen, Oberflächenstrukturen und Linien.

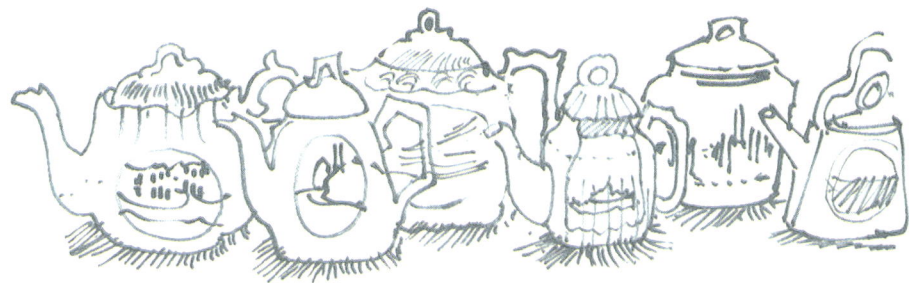

PERSPEKTIVISCH ZEICHNEN

Wer Gegenstände in Räumen skizzieren möchte, wie Flaschen, Stühle oder Tische, muss Vierecke und Kreise perspektivisch richtig darstellen können. Auch bei Außenmotiven, z.B. einem Gebäude, lassen sich die Grundregeln anwenden.

* WENN Sie einen Würfel von oben betrachten, sehen Sie ein Quadrat.

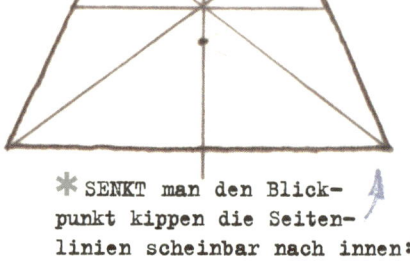

* SENKT man den Blickpunkt kippen die Seitenlinien scheinbar nach innen. Das ist ein Parallelogramm.

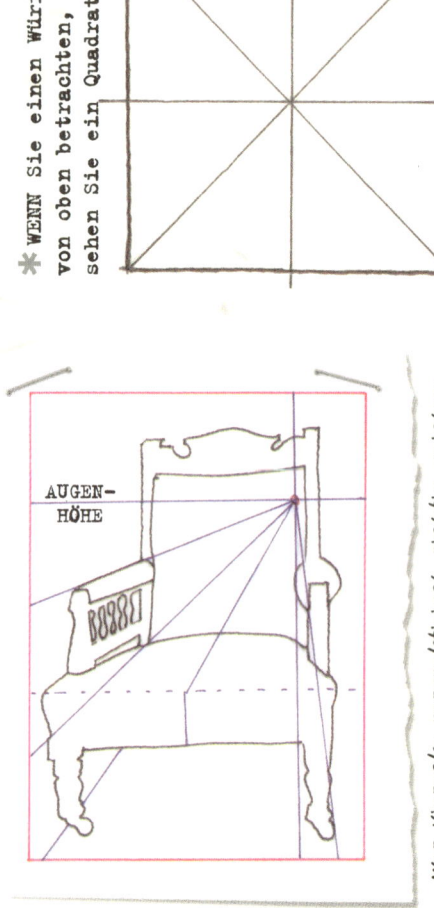

AUGENHÖHE

Wer Vierecke perspektivisch richtig zeichnen kann, dem fällt es leicht, eine Sitzfläche oder eine Tischplatte korrekt wiederzugeben.

* JE niedriger der Blickpunkt, desto stärker kippen die Seitenlinien — entsprechend den Gesetzen der Perspektive. Verlängerte man die Seiten durch gedachte Linien, würden sie in einem gemeinsamen Fluchtpunkt auf dem Horizont zusammenlaufen. (siehe S. 19).

QUADRATUR DES KREISES

Je tiefer der Blickpunkt, desto weniger sieht man von der Oberseite des Würfels. Genau dasselbe passiert mit der Innenfläche einer Tasse oder einer Schale. Die Kreisform der Öffnung flacht sich zunehmend ab und wird zu einer Ellipse. Je niedriger der Blickpunkt, desto flacher auch die Ellipse.

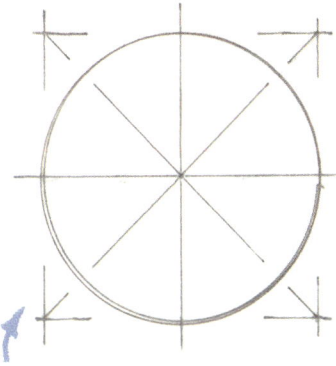

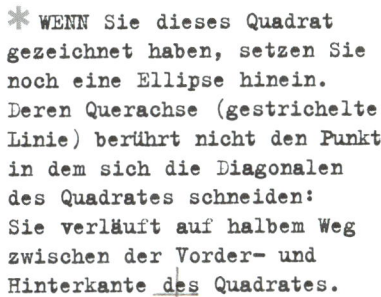

✳ STELLEN Sie sich den Kreis in einem Quadrat vor. Im Mittelpunkt des Kreises schneiden sich die Diagonalen des Quadrates.

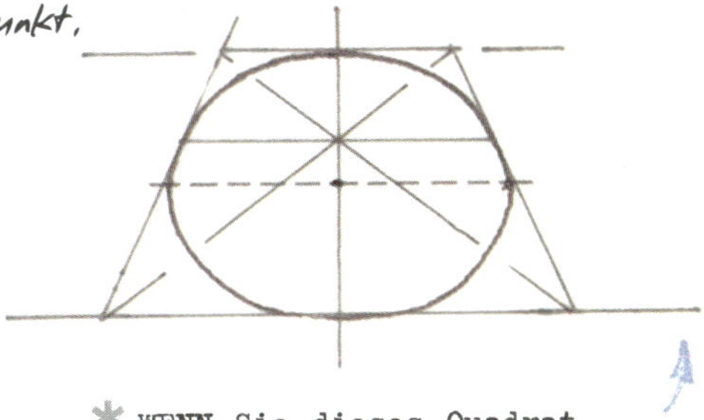

✳ WENN Sie dieses Quadrat gezeichnet haben, setzen Sie noch eine Ellipse hinein. Deren Querachse (gestrichelte Linie) berührt nicht den Punkt, in dem sich die Diagonalen des Quadrates schneiden: Sie verläuft auf halbem Weg zwischen der Vorder- und Hinterkante des Quadrates.

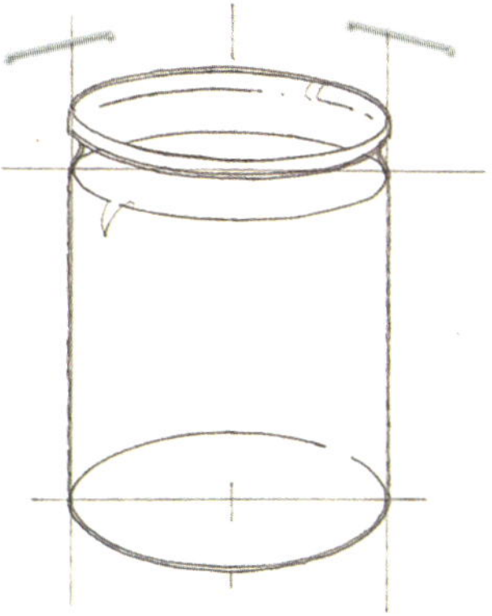

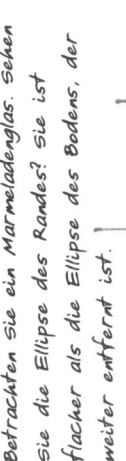

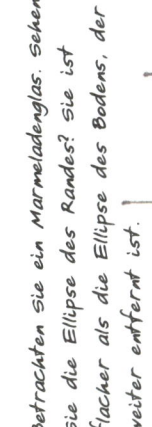

Betrachten Sie ein Marmeladenglas. Sehen Sie die Ellipse des Randes? Sie ist flacher als die Ellipse des Bodens, der weiter entfernt ist.

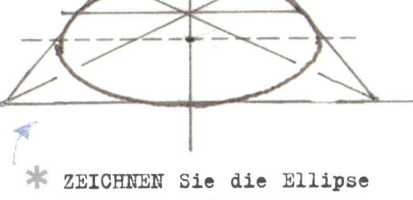

✳ ZEICHNEN Sie die Ellipse so, dass sie die Seitenmittelpunkte des Quadrates berührt und seine Diagonalen schneidet.

KÖRPER MODELLIEREN

Dreidimensionale Körper erkennen wir als solche, weil Licht auf sie fällt. Ohne den Schatten, den es wirft, würden Körper uns nur als zweidimensionale Flächen erscheinen. Auf der rechten Seite sehen Sie, welche Licht- und Schattenmuster auf Körpern entstehen. Jeder Körper hat deutlich beleuchtete und beschattete Flächen. Betrachten Sie Würfel und Pyramide: Sehen Sie die scharfe Trennlinie, wo Licht und Schatten unmittelbar aufeinander treffen? Bei Kugel oder Zylinder dagegen gehen Licht und Schatten allmählich ineinander über.

Kohle ist ideal für feine Schattenverläufe.

Schattieren Sie mit leichten Schraffuren. In den Bereichen, die dunkler werden sollen, verstärken Sie allmählich die

Alle natürlichen Körper bauen sich aus einfachen geometrischen Formen auf: Kugeln, Zylindern, Würfeln, Kegeln und Pyramiden. Ein Baum besteht hauptsächlich aus einer Kugel auf einem Zylinder. Berge wiederum variieren Kegel- und Pyramidenformen. Geometrische Formen helfen, den Aufbau eines Gegenstandes besser zu erfassen.

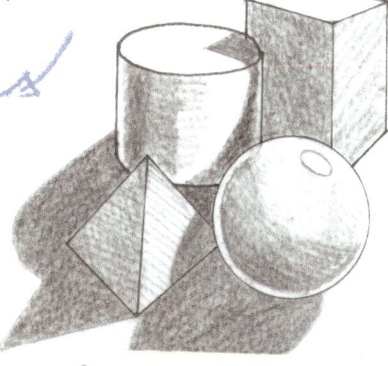

✲ BEI runden Körpern stufen Sie die Tonwerte fein ab: Der Schatten auf der gekrümmten Oberfläche verstärkt sich allmählich.

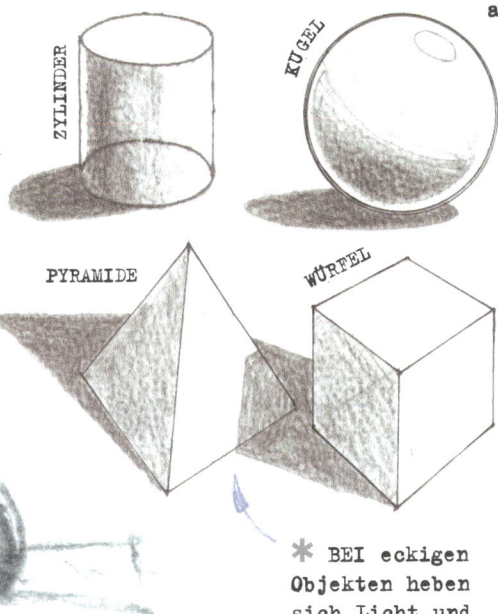

✲ BEI eckigen Objekten heben sich Licht und Schatten scharf voneinander ab. Die Flächen lassen sich gut auf das Papier übertragen.

ÜBUNG

Stellen Sie Objekte mit einfachen geometrischen Formen nebeneinander, etwa Schachteln, Flaschen und Obst. Beleuchten Sie sie mit einer starken Lampe aus verschiedenen Winkeln. Sehen Sie, wie sich die Schatten und Reflexe in Größe und Form ändern, wenn Sie die Lampe bewegen?

MIT BLEISTIFT ZEICHNEN

Der Bleistift ist das unmittelbarste Zeichengerät. Mit ihm lassen sich die kräftigen Striche von Kohle erzielen, aber auch die feinen Linien einer Feder.

Die Art und Stärke des Striches hängt von der Stifthärte, der Druckstärke, der Zeichengeschwindigkeit und der Struktur des Papiers ab. Auf glattem Papier zeichnen Stifte klare, durchgehende Linien. Auf rauem Papier dagegen entstehen weiche, körnige Striche.

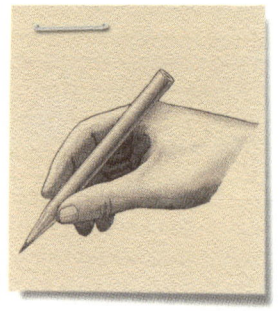

* SPITZEN Sie weiche Bleistifte mit einem Messer an. Dann erhalten Sie eine lange, etwas abgestumpfte Spitze, die breite Striche zeichnet, wenn man sie neigt. Spitzer verbrauchen zu viel Holz und die Spitze wird zu kurz.

ÜBUNG

Um die Ausdrucksmöglichkeiten eines Bleistiftes kennen zu lernen, probieren Sie am besten verschiedene Härtegrade und Papiersorten aus. Für helle und dunkle Flächen drückt man mehr oder weniger stark auf. Sie können auch die Abstände zwischen den Schraffuren variieren.

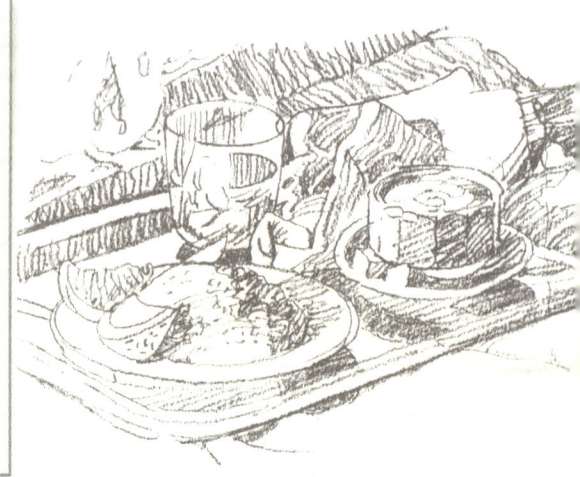

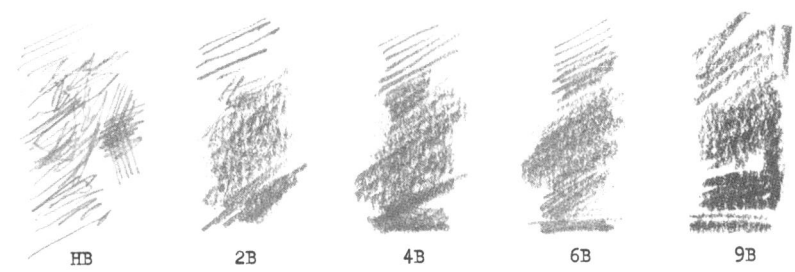

| HB | 2B | 4B | 6B | 9B |

HÄRTEGRADE Bleistifte weisen Minen mit verschiedenen Härtegraden auf. Die Auswahl reicht von sehr hart (9H) bis sehr weich (9B) und umfasst 20 Abstufungen. HB liegt genau in der Mitte. Mit einem harten Bleistift ziehen Sie dünne, helle Linien, während man weiche Stifte vielseitig einsetzen kann. Geneigt erzielen sie kräftig dunkle Flächen.

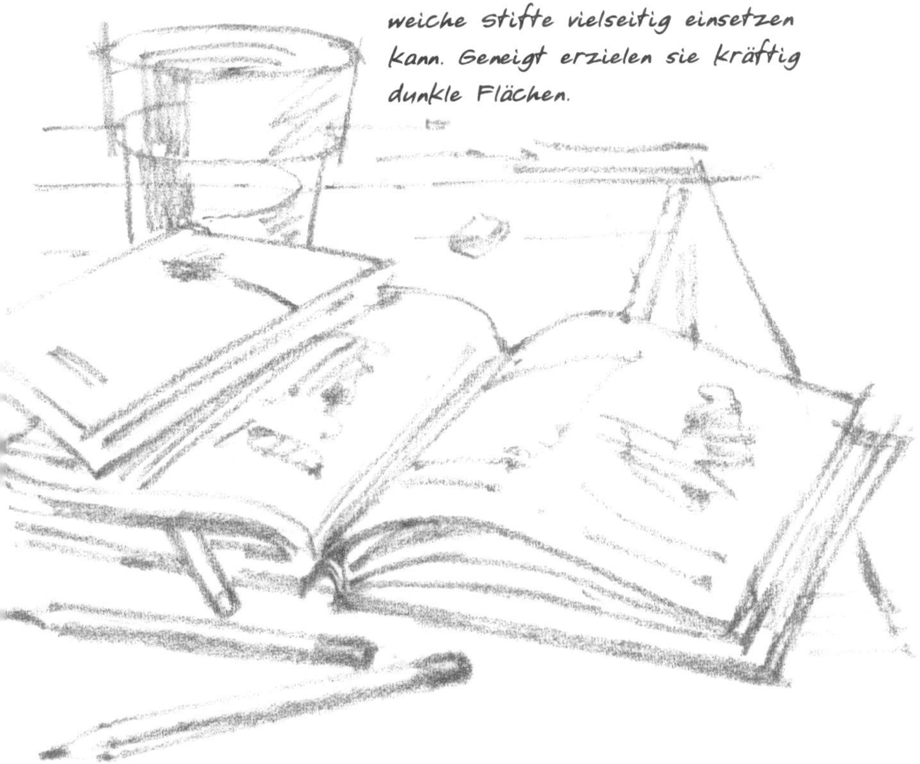

MIT KOHLE ZEICHNEN

Durch ihren spröden, körnigen Strich gehört Kohle zu den ausdrucksstärksten Zeichenmitteln. Sie erzielt ein sattes, samtiges Tiefschwarz und weich abgestufte Grautöne. Mit der Spitze des Kohlestabs zeichnen Sie kräftige, dicke Linien und mit der Seitenfläche sehr breite Striche. Feine Abstufungen entstehen, wenn man die Kohle mit den Fingerspitzen oder mit Papier verwischt. Reflexe kann man gut mit einem Knetgummi herausarbeiten. Zeichenkohle zwingt zum großzügigen Arbeiten. Sie verlieren sich also nicht in Details.
Fehler lassen sich schnell mit dem Finger oder mit Papier korrigieren.

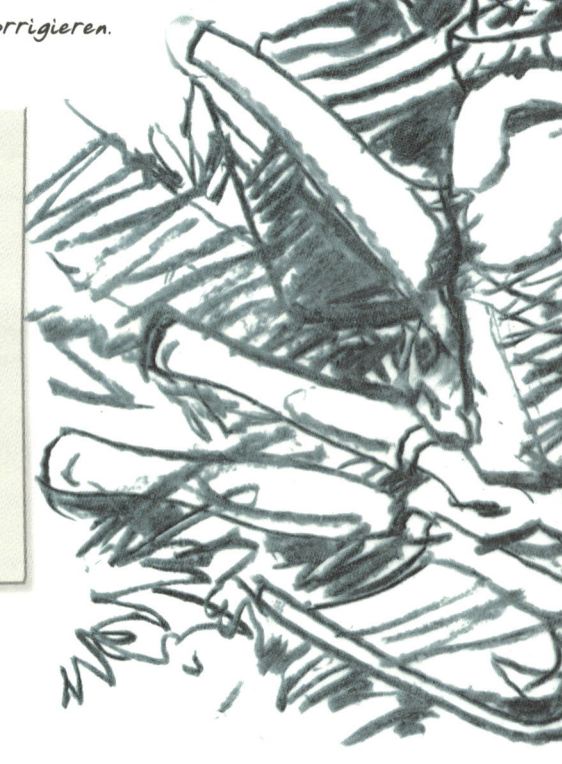

TIPP

Wenn Sie mit Kohle zeichnen, entscheiden Sie sich lieber für ein raues Papier als ein glattes. Seine Unebenheiten nehmen mehr Kohlepigmente auf, sodass Sie leichter satte, dunkle Flächen gestalten können. Die fertige Zeichnung besprüht man mit einem Fixativ, damit sie nicht verwischt.

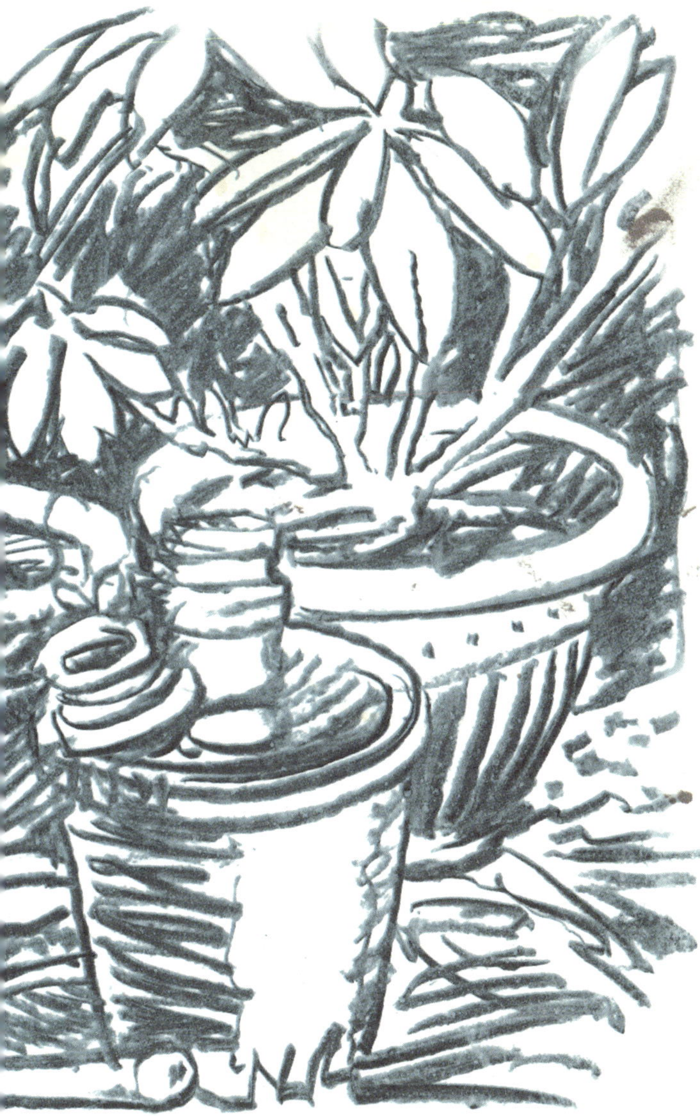

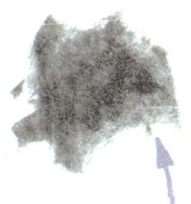

✴ AUFTRAGEN
Mit der Seitenfläche der Kohle erhalten Sie kräftige, dunkle Flächen.

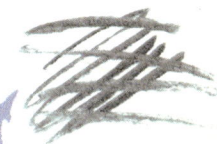

✴ KREUZSCHRAFFUREN
und Schraffuren setzt man beim Zeichnen für unterschiedliche Tonwerte ein.

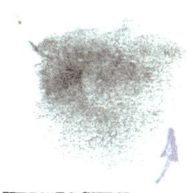

✴ VERWISCHEN
Mit den Fingern lassen sich Tonwerte aufhellen.

MIT TUSCHE ZEICHNEN

Um zu Feder und Tusche zu greifen, gehört ein bisschen Mut, denn Fehler lassen sich nicht ausradieren. Andererseits macht gerade das die Tusche so aufregend! Sie zwingt den Zeichner, sich zu konzentrieren und jede Linie genau zu überlegen. Folglich werden sich Ihre Zeichenkünste schnell verbessern. Tusche ist ein sehr expressives Zeichenmittel. Mit einer Feder lässt sich in einer schlichten Kontur das Wesentliche einfangen.

Feine Linien ermöglichen differenzierte Zeichnungen mit zarten Abstufungen.

Eine abwechslungsreiche Palette von Tonwerten und Texturen erhalten Sie durch feine Schraffuren und Kreuzschraffuren. Sie lassen sich kombinieren mit Lavierungen: Tragen Sie mit einem Pinsel Tusche oder Aquarellfarbe auf.

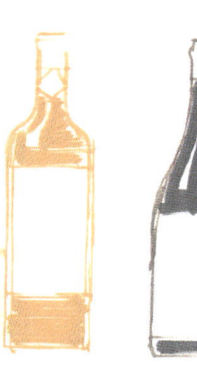
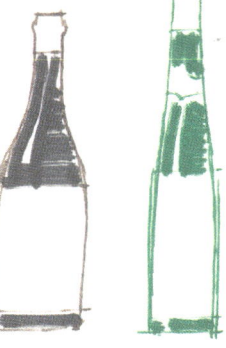
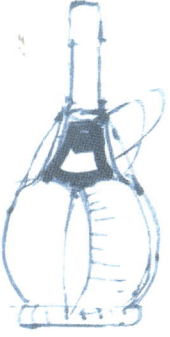
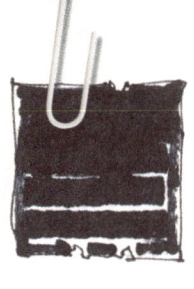

DECKEN

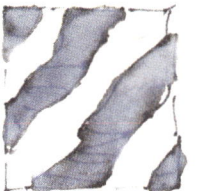

LAVIEREN

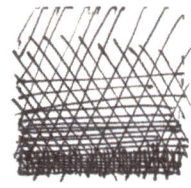

KREUZSCHRAFFUREN SETZEN

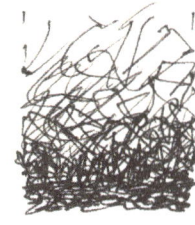

SCRIBBELN

ÜBUNG

Probieren Sie Verschiedenes aus: Federn aus Metall, Rohr oder Gänsekielen sind biegsam und zeichnen lebhafte, geschwungene Linien. Der moderne Füllfederhalter, Kugelschreiber und Rapidograph erlauben lange, gleichmäßige Linien mit einer grafischen Wirkung.

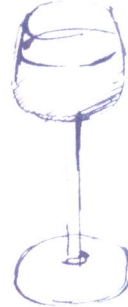
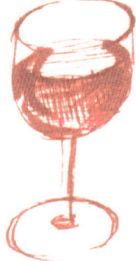
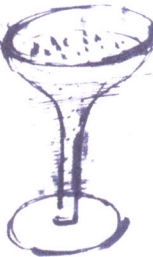
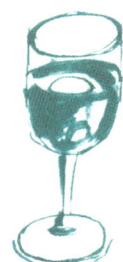

Mit Tusche sowie Feder oder Pinsel können Sie die verschiedensten Effekte erzielen.

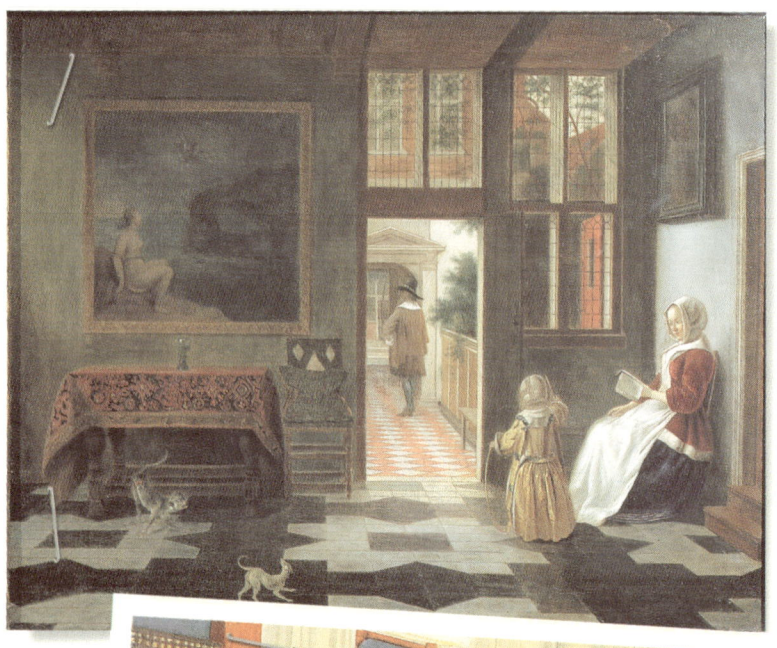

„Holländisches Interieur" PIETER JANSSENS (1623-1682)

„Das Schlafzimmer" (1909) CARL LARSSON (1853-1919)

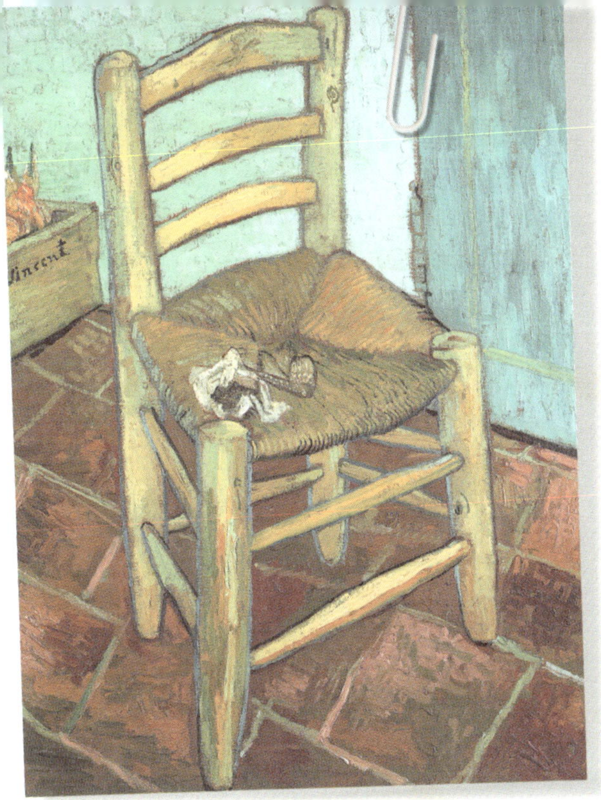

„Vincents Stuhl mit Pfeife" (1888)
VINCENT VAN GOGH
(1853–1890)

IN INNENRÄUMEN ZEICHNEN Alltägliche Räume bieten viel Inspiration für Zeichner. Ein Thema können „zufällige" Stillleben sein, etwa eine Blumenvase oder der Frühstückstisch. Auch interessante Licht- oder Farbmuster oder ungewöhnliche Perspektiven eignen sich. Vielleicht fallen Ihnen Muster und Oberflächenstrukturen auf. Oder sie lassen sich von dem Blick durch eine offene Tür oder ein Fenster fesseln.

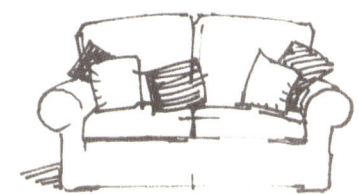

FORM UND RAUM

Wenn Sie einen Innenraum zeichnen, muss nicht nur der Raum an sich perspektivisch korrekt dargestellt werden. Auch die einzelnen Gegenstände sollen die richtige Perspektive und Größe haben. Üben Sie genaues Sehen! Dann werden Sie schnell lernen, Maße und Proportionen genau einzuschätzen und sie im richtigen Verhältnis zueinander zu zeichnen. Es gibt einige nützliche Tricks, um zu prüfen, ob die Zeichnung genau ist. Trainieren Sie trotzdem Ihre Beobachtungsgabe und begreifen Sie die Tricks nur als zusätzliche Kontrolle.

Nutzen Sie den Bleistift, um Proportionen und Raumverhältnisse zu erfassen: Halten Sie ihn auf Armlänge von sich weg und zwar so, dass er in einer Höhe mit dem Gegenstand liegt. Schließen Sie ein Auge und markieren Sie mit dem Daumennagel die gewünschte Entfernung: Das ist Ihr Maßstab. So können Sie die Proportionen von Gegenständen in Ihrer Zeichnung vergleichen.

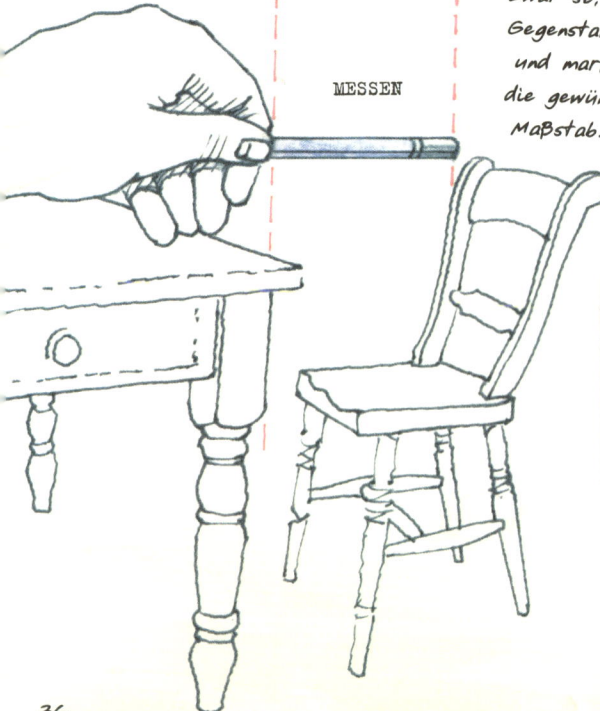

MESSEN

ÜBUNG

Versuchen Sie einmal, nicht den Gegenstand selbst zu zeichnen, sondern die Negativformen um ihn herum. Wenn Sie sehr genau beobachten, wird sich der Gegenstand recht gut von dem gezeichneten Hintergrund abheben.

POSITIVE UND NEGATIVE FORMEN

Ein Bild hat positive Formen (die Gegenstände) und negative Formen (der leere Raum dazwischen). Negative Formen sind genauso wichtig wie positive, denn sie gehören zur Gesamtgestaltung. An ihnen lässt sich die Zeichnung überprüfen. Wenn Sie zum Beispiel Stühle und Tische zeichnen, betrachten Sie die Negativformen zwischen den Beinen und Verstrebungen. Sehen sie richtig aus, dann haben Sie die Positivformen korrekt gezeichnet!

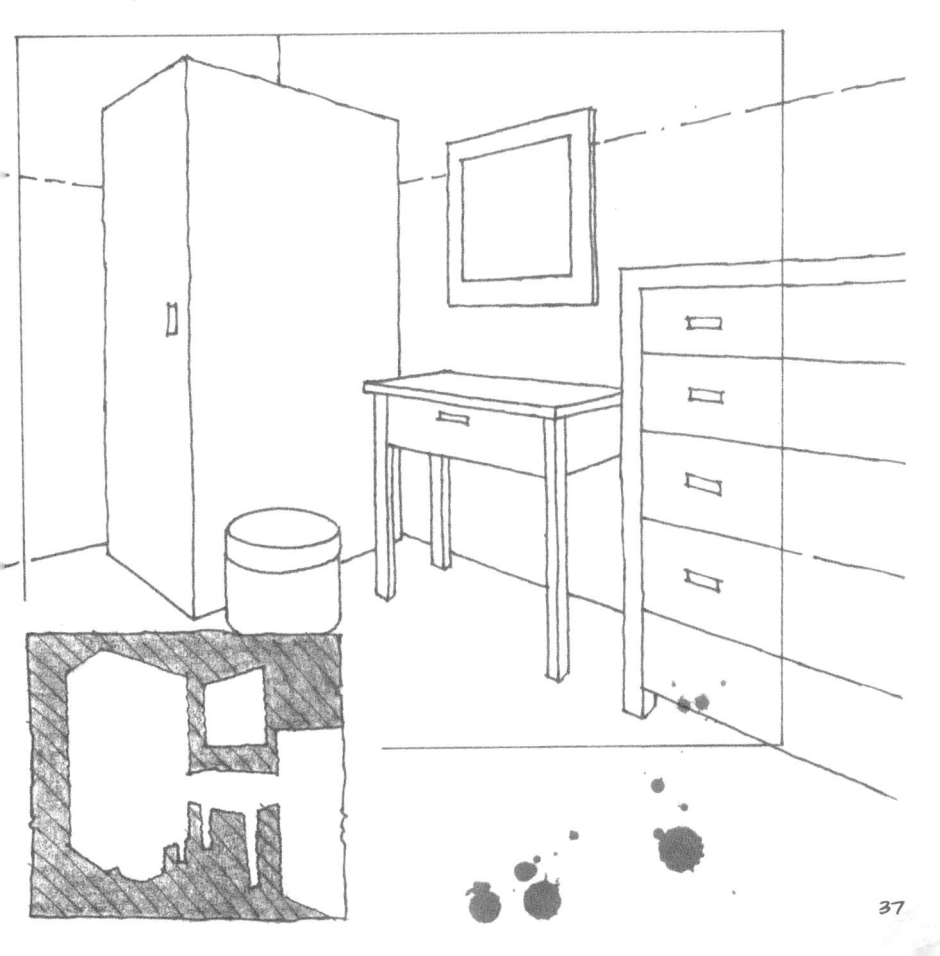

37

VERSCHIEDENSTE INNENRÄUME

Beginnen Sie zunächst mit Gegenständen in Ihrer Wohnung. So verbessern Sie Ihre Zeichenkünste und bauen Selbstvertrauen auf, um sich dann Motive in der Öffentlichkeit zu suchen. Es gibt unendlich viele: Cafés, Bars, Restaurants, Geschäfte, Kaufhäuser, Galerien und Museen, Konzertsäle, Theater, Bahnhöfe, Flughäfen, Fabriken, Werkstätten und Büros.

Denken Sie daran: Es geht nicht um jedes Detail. Wichtig sind vielmehr die allgemeine Stimmung und das Zusammenwirken von Figuren und ihrer Umgebung.

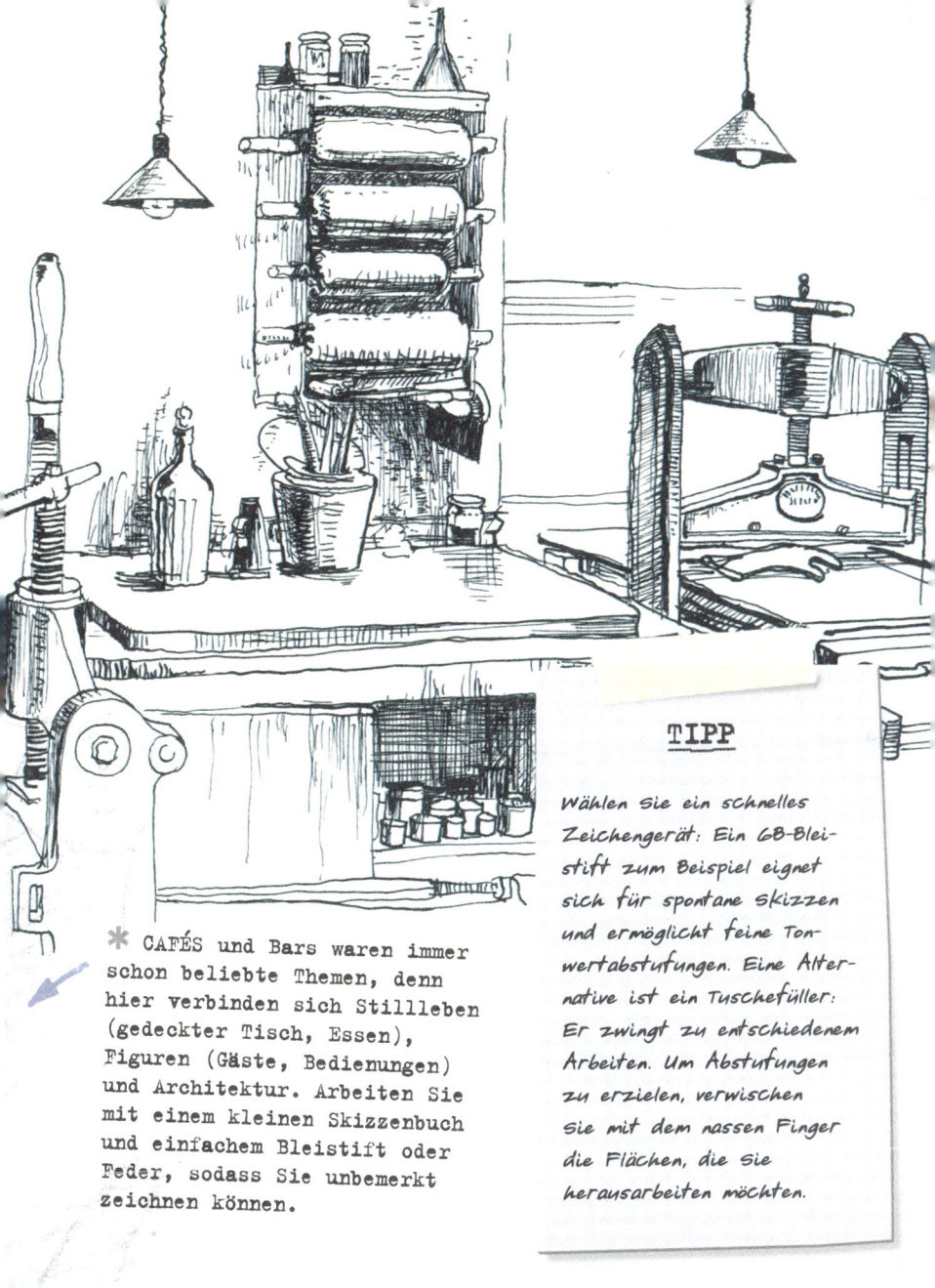

✶ CAFÉS und Bars waren immer schon beliebte Themen, denn hier verbinden sich Stillleben (gedeckter Tisch, Essen), Figuren (Gäste, Bedienungen) und Architektur. Arbeiten Sie mit einem kleinen Skizzenbuch und einfachem Bleistift oder Feder, sodass Sie unbemerkt zeichnen können.

TIPP

Wählen Sie ein schnelles Zeichengerät: Ein 6B-Bleistift zum Beispiel eignet sich für spontane Skizzen und ermöglicht feine Tonwertabstufungen. Eine Alternative ist ein Tuschefüller: Er zwingt zu entschiedenem Arbeiten. Um Abstufungen zu erzielen, verwischen sie mit dem nassen Finger die Flächen, die sie herausarbeiten möchten.

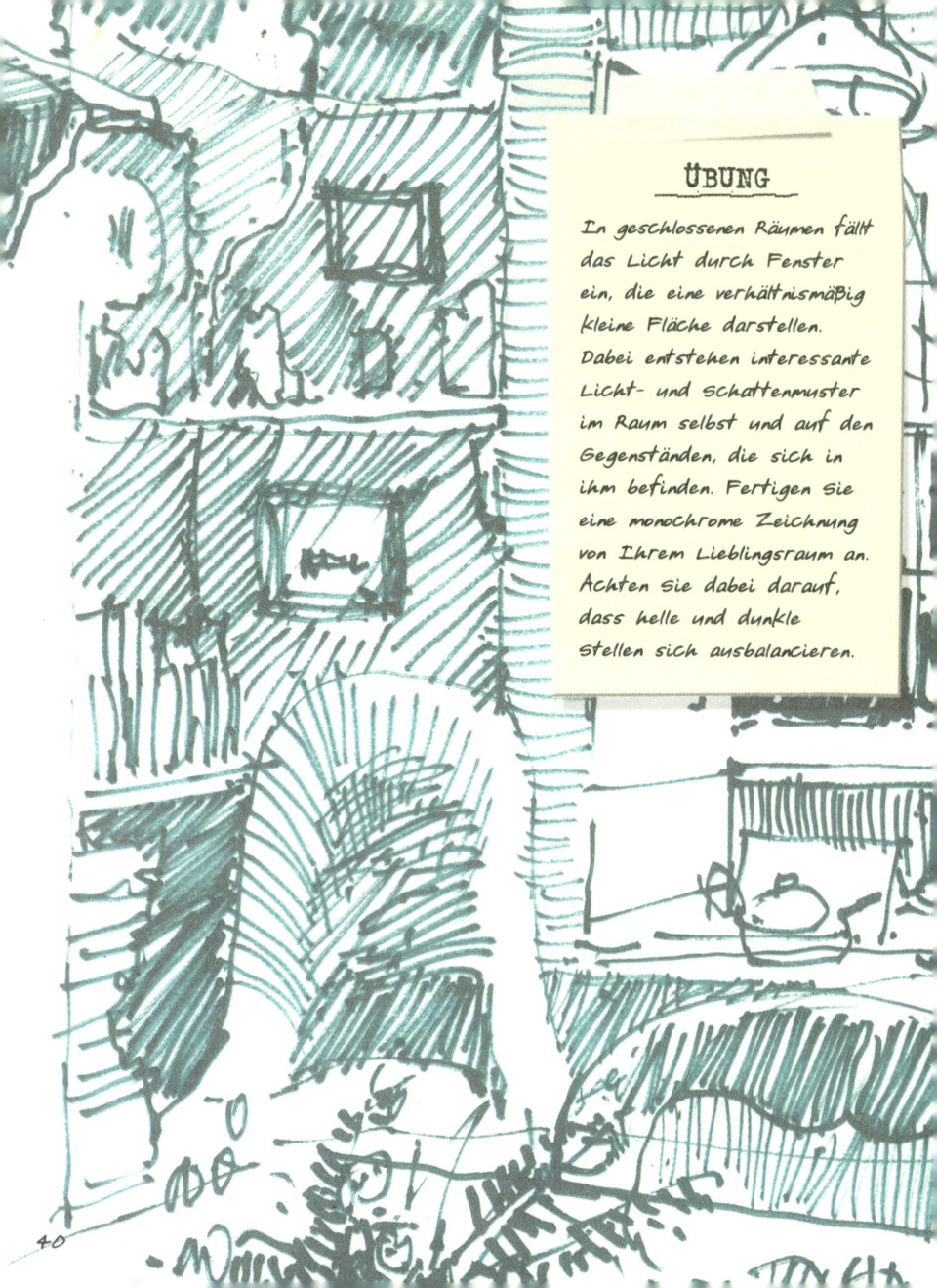

ÜBUNG

In geschlossenen Räumen fällt das Licht durch Fenster ein, die eine verhältnismäßig kleine Fläche darstellen. Dabei entstehen interessante Licht- und Schattenmuster im Raum selbst und auf den Gegenständen, die sich in ihm befinden. Fertigen Sie eine monochrome Zeichnung von Ihrem Lieblingsraum an. Achten Sie dabei darauf, dass helle und dunkle Stellen sich ausbalancieren.

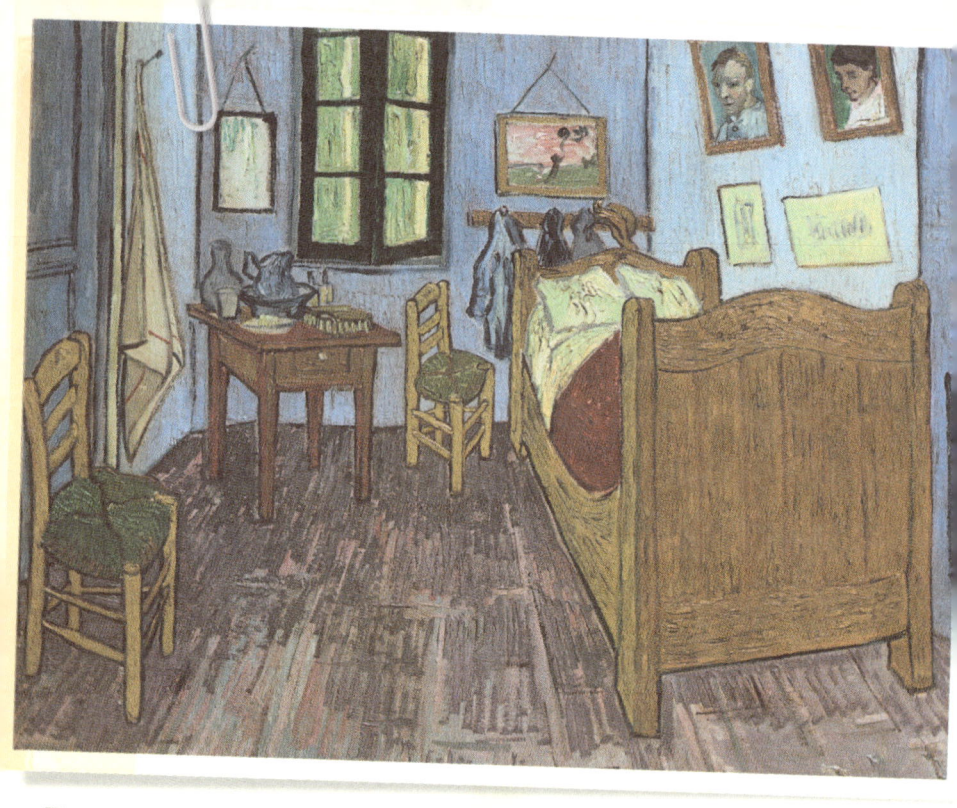

„Vincents Schlafzimmer in Arles" (1889) VINCENT VAN GOGH (1853-1890)

PERSPEKTIVISCHES Zeichnen von Räumen ist eine echte Herausforderung. Zum einen fallen Fehler sofort auf. Zum anderen müssen Sie auch die Perspektive und Größenverhältnisse der einzelnen Gegenstände im Raum korrekt wiedergeben. Die Perspektive in Innenräumen unterliegt denselben Gesetzen wie in Außenräumen (siehe Seite 18 f.): Die Linien von Wänden, Türen und Fenstern laufen in einem gemeinsamen Fluchtpunkt auf der Horizontlinie zusammen.

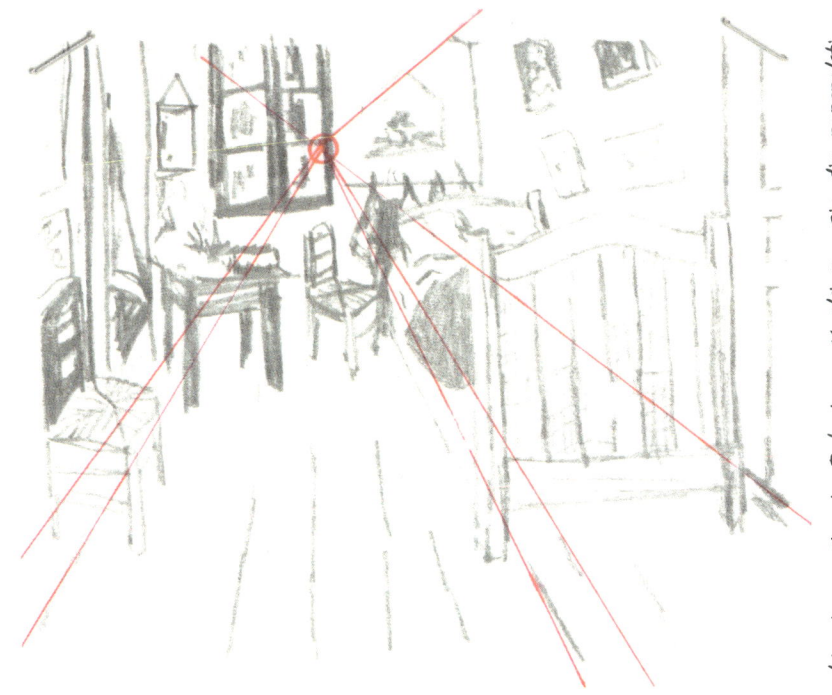

Skizzieren Sie ein Interieur. Markieren Sie die perspektivischen Linien der Wände, des Bodens und der Möbel.

Beginnen Sie mit den Vertikalen und Horizontalen der hinteren Wand. Die Horizontlinie legt man fest, indem man den Bleistift auf Armeslänge von sich weg hält, waagerecht in Augenhöhe. Zeichnen Sie nun die flüchtenden Linien der Seitenwände. Sie müssen sich auf der Horizontlinie treffen.

* WENN Sie einen Stuhl skizzieren, setzen Sie ihn in einen Würfel. Dessen Parallelen laufen in einem gedachten Fluchtpunkt hinter dem Stuhl zusammen.

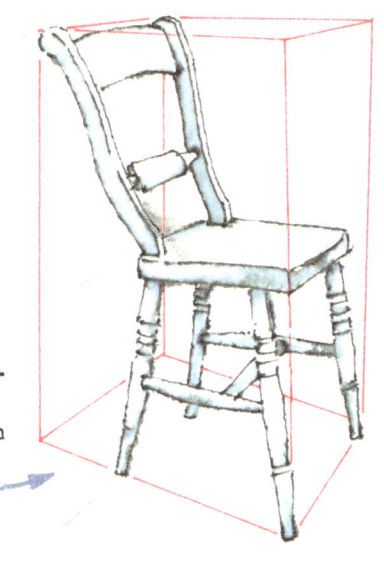

DER BLICK NACH DRAUSSEN

Eine Raumskizze wirkt völlig anders, wenn man den Ausblick durch ein Fenster oder eine geöffnete Tür hinzufügt. Ein faszinierendes Doppelbild erhalten Sie, indem Sie einen Teil des Innenraumes und zusätzlich einen Ausschnitt aus der Umgebung zeichnen – ein Bild im Bild.

ÜBUNG

Stellen Sie sich neben ein Fenster mit interessantem Ausblick. Zeichen Sie, was sie sehen. Achten Sie dabei auf den Kontrast zwischen dem hellen Licht draußen und dem verhältnismäßig dunklen, kalten Licht im Raum.

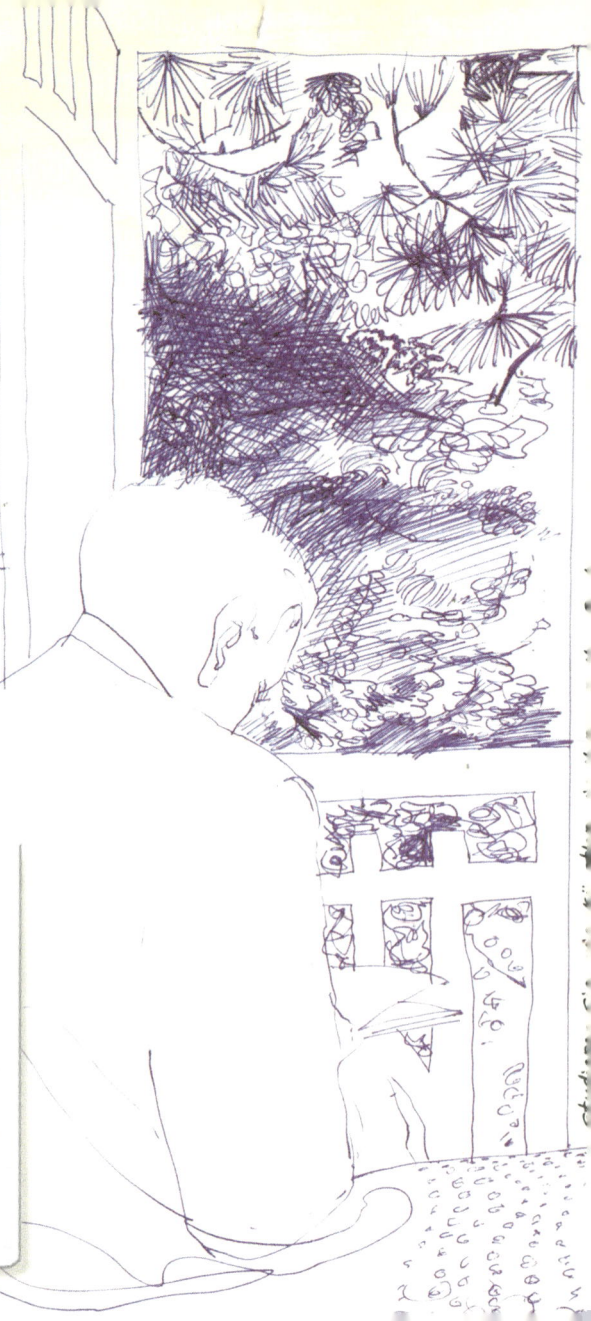

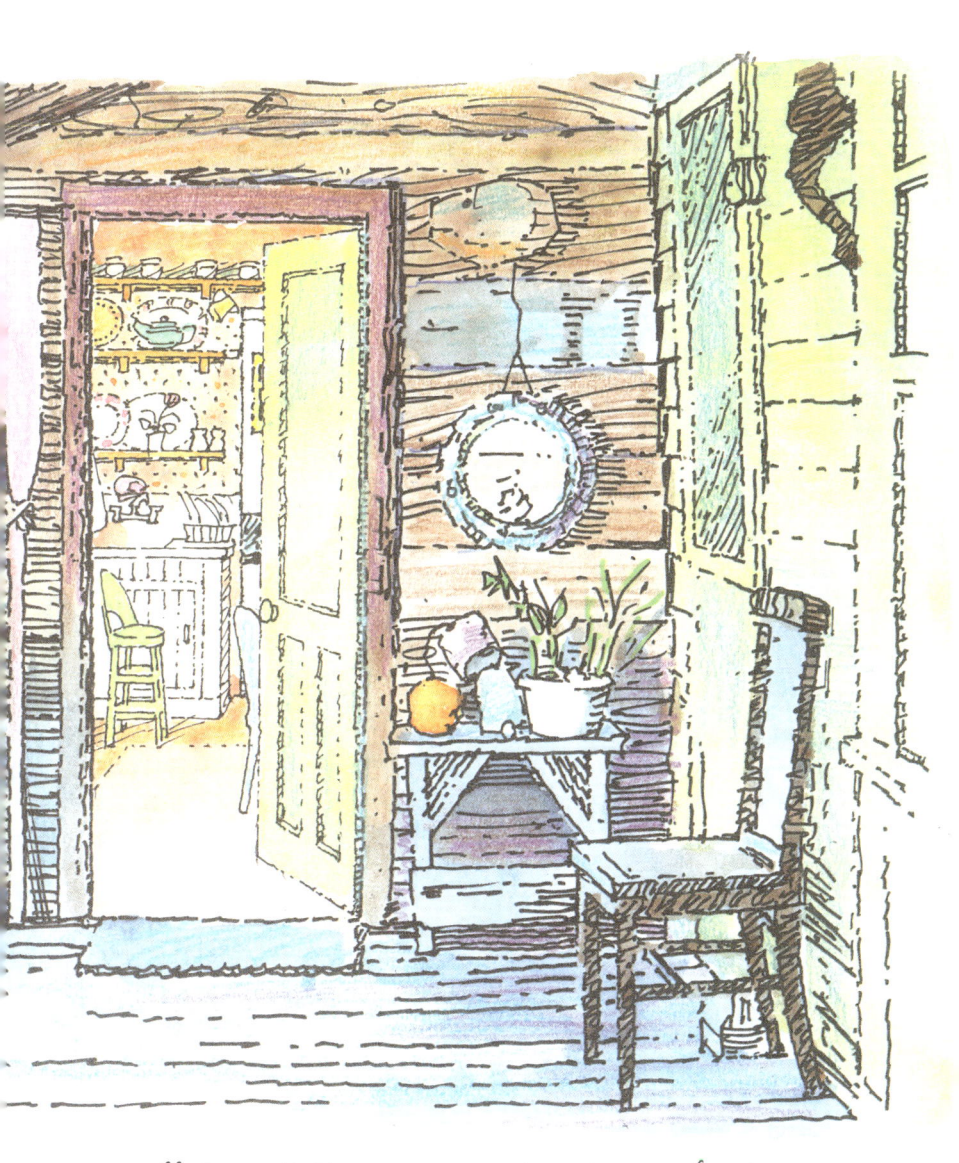

Durch eine geöffnete Tür blickt man in einen weiteren Raum. So fesseln
sie den Betrachter und erhalten gleichzeitig ein Gerüst aus Horizontalen und Vertikalen, die sich zu einer gelungenen Komposition verbinden.

„Kameraden" LOUIS WAIN (1860-1939)

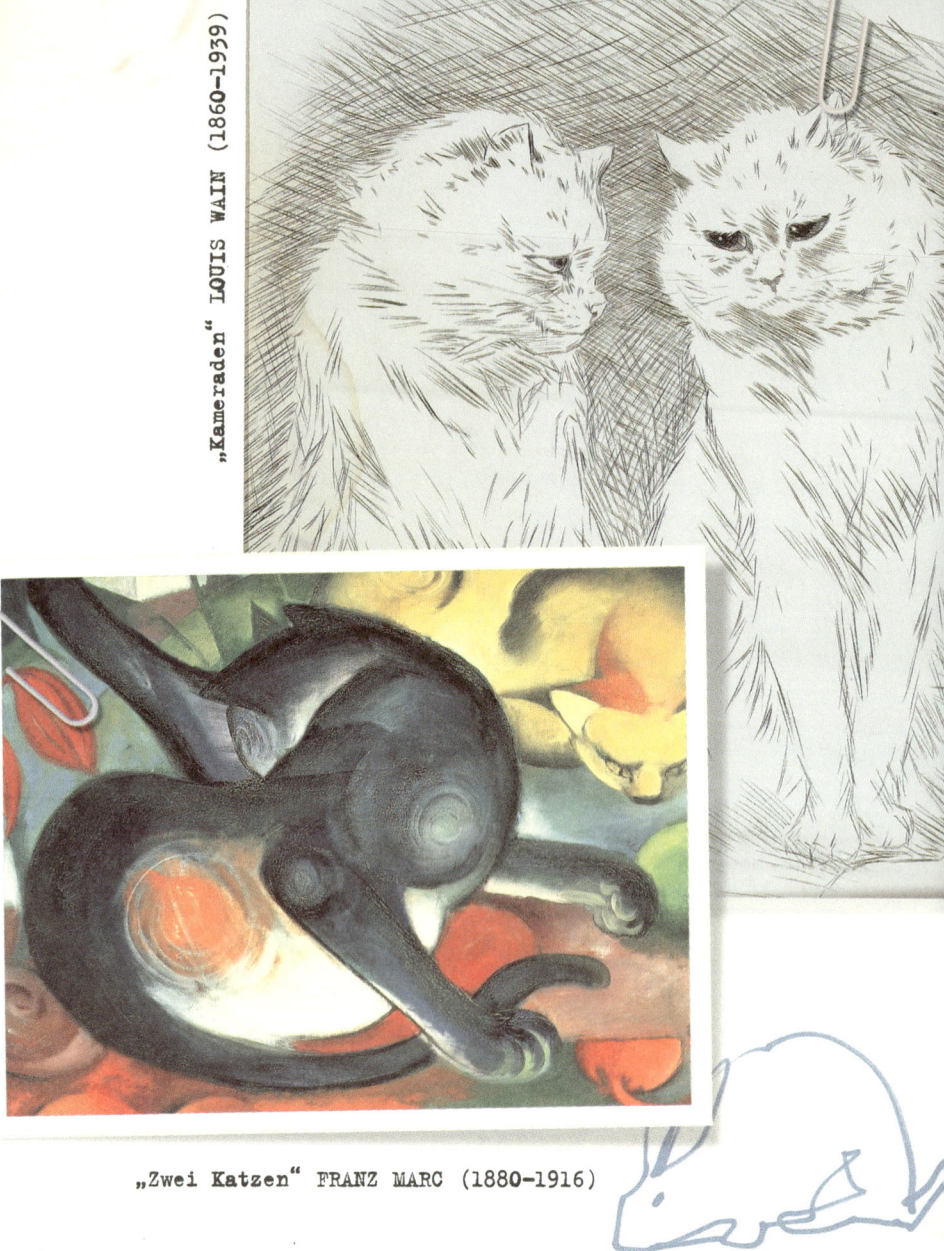

„Zwei Katzen" FRANZ MARC (1880-1916)

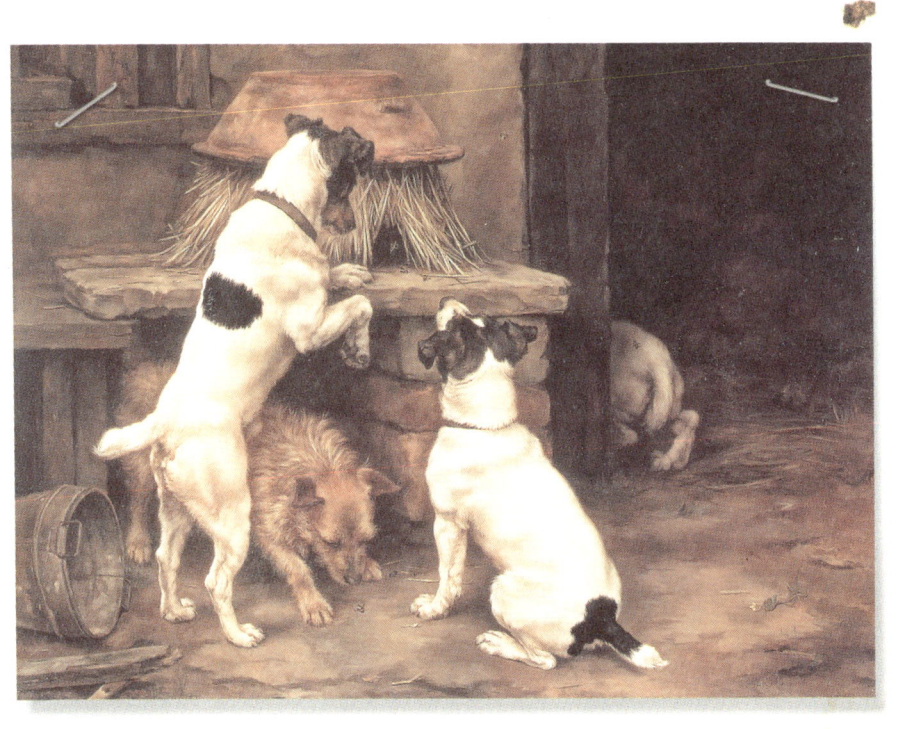

„Emsige Hunde und emsige Bienen" LUCY ANN LEAVERS (1845–1915)

TIERE ZEICHNEN macht viel Spaß, ist aber auch schwierig, denn Tiere halten meistens nicht lange still. Beginnen Sie zuerst mit Ihrem Haustier. Merken Sie, dass dieses Thema Sie fasziniert, können Sie dazu übergehen, Tiere auf dem Bauernhof, im Zoo oder im Wald zu zeichnen. Experimentieren Sie dabei mit verschiedenen Möglichkeiten, Bewegungen, Ausdruck sowie die Struktur und Zeichnung von Fell oder Gefieder wiederzugeben.

ANATOMIE VON TIEREN

Bevor man ein Haus einrichten kann, muss man es bauen. Für das Zeichnen von Tieren gilt: Erst kommt der Körper an die Reihe, dann das Fell und seine Zeichnung. Man muss kein Experte in Anatomie sein. Ist man sich aber bewusst, dass sich unter all dem Fell ein Körp mit einem Skelett verbirgt, wirken auch die Zeichnungen überzeugender

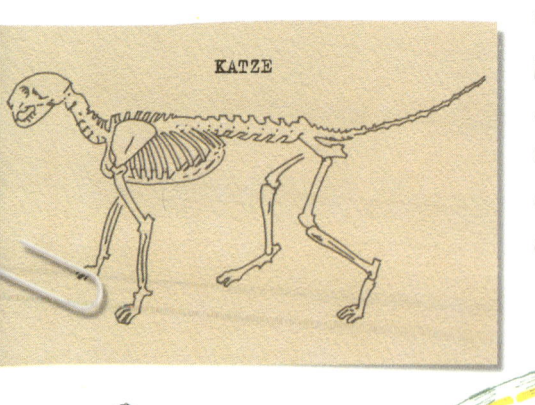

Betrachten Sie zunächst die Proportionen Ihres Motivs: Form und Neigung des Kopfes, seine Größe Verhältnis zum Körper, Winkel und Länge der Beine sowie die Haltung im Allgemeinen.

KATZE

* KATZEN haben etwa 230 Knoc und mehr als 500 Muskeln — ke Wunder, dass sie alle möglich Haltungen einnehmen können!

HUND

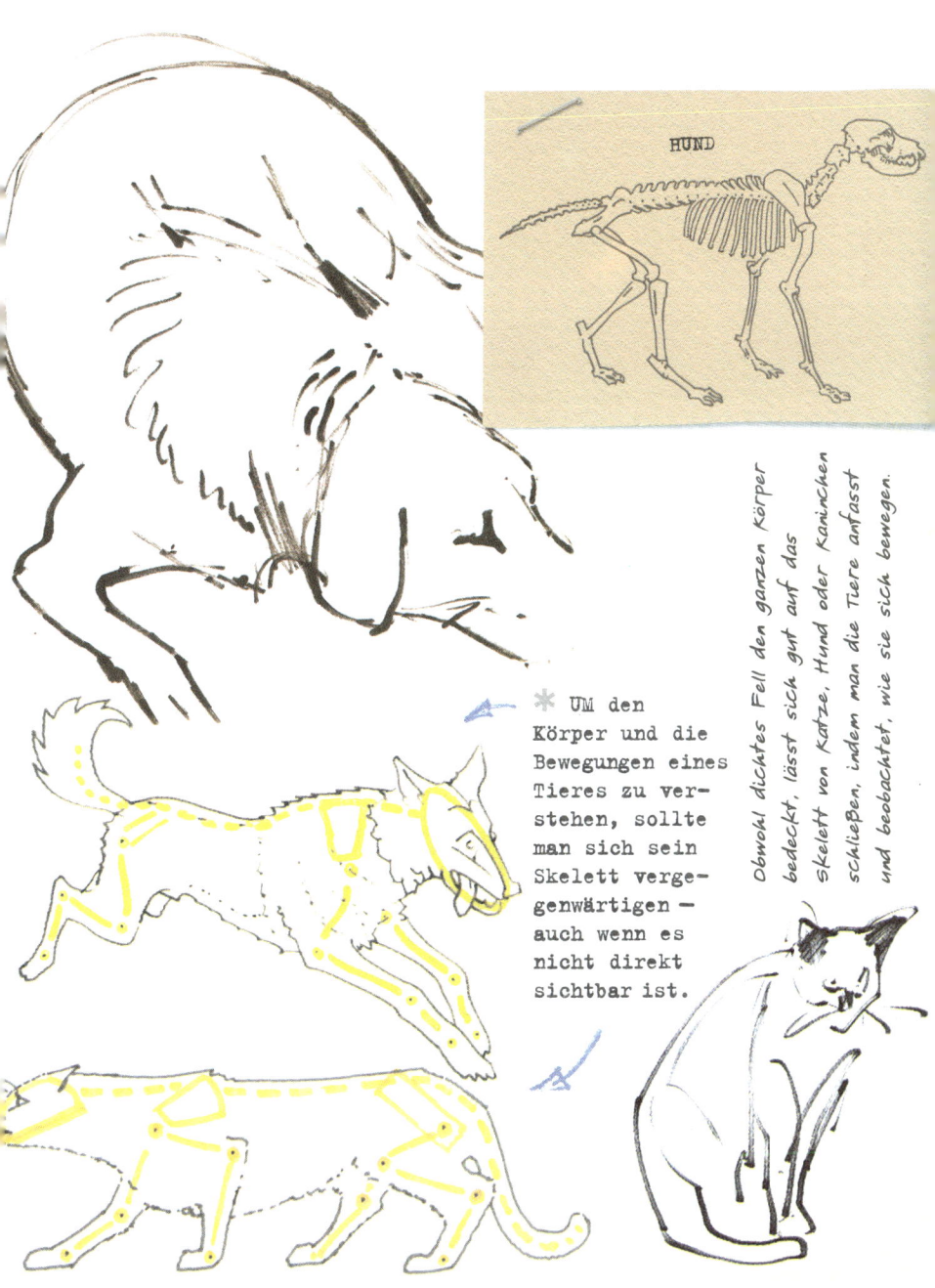

✳ Um den Körper und die Bewegungen eines Tieres zu verstehen, sollte man sich sein Skelett vergegenwärtigen — auch wenn es nicht direkt sichtbar ist.

Obwohl dichtes Fell den ganzen Körper bedeckt, lässt sich gut auf das Skelett von Katze, Hund oder Kaninchen schließen, indem man die Tiere anfasst und beobachtet, wie sie sich bewegen.

FELL UND GEFIEDER

Dass Muster im Fell sich gut eignen, um Tierkörper darzustellen, werden Sie schnell feststellen. Eine Zeichnung wi. jedoch steif und unbelebt, wenn die Oberflächendetails zu stark betont wer Versuchen Sie deshalb nicht, jeden einzelnen Fleck, jedes Haar oder jede Fe. zu zeichnen. Konzentr ren Sie sich auf die charakteristischen Kennzeichen. Setzen Sie sie ein, um die Gestalt des Tieres an Schlüsselstellen herau zuarbeiten: an Kopf, Schultern und Rumpf

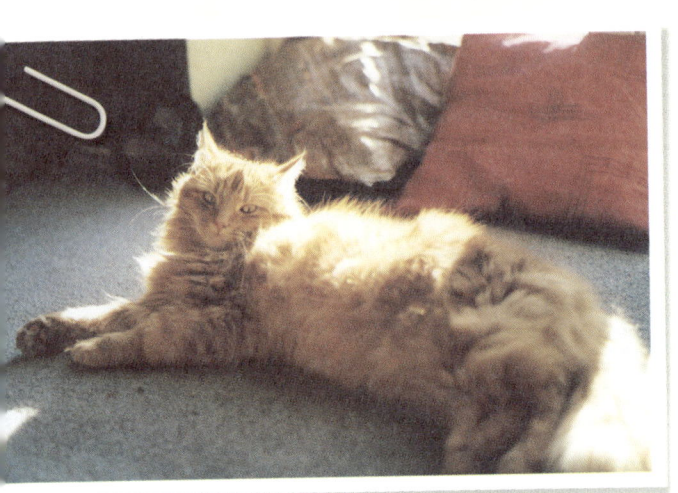

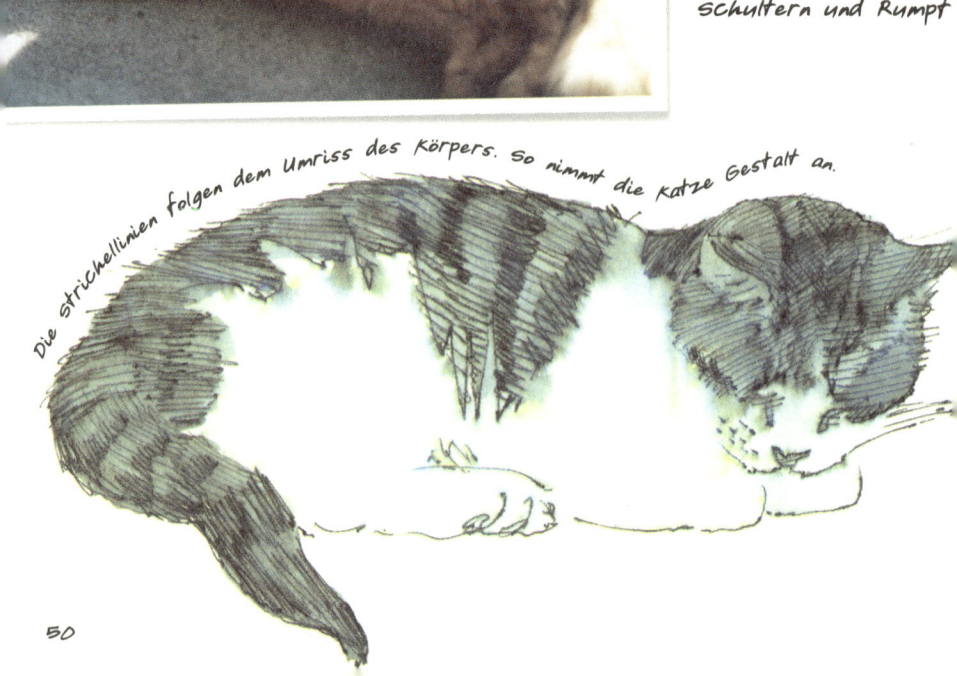

Die Strichellinien folgen dem Umriss des Körpers. So nimmt die Katze Gestalt an.

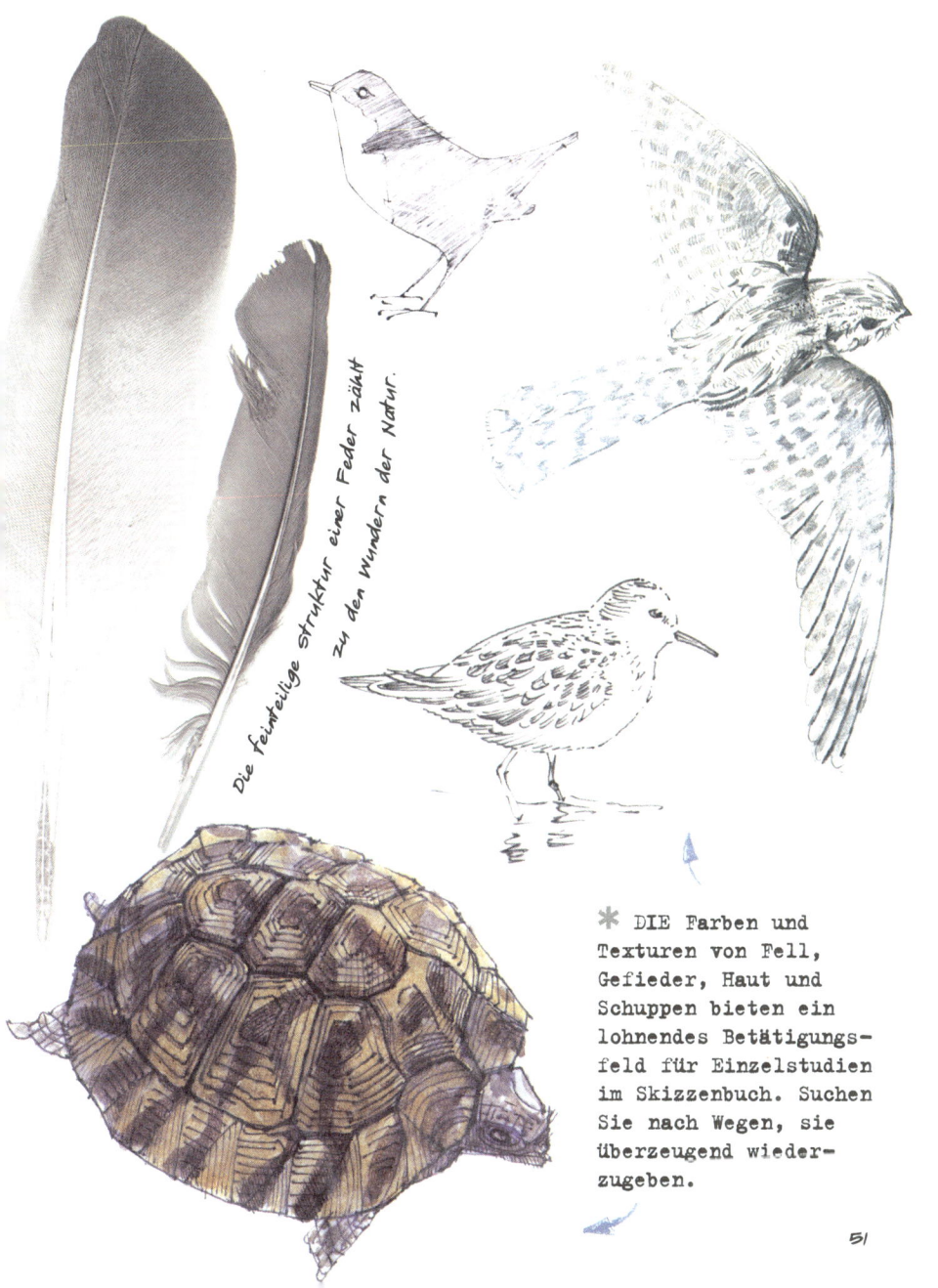

Die feinteilige Struktur einer Feder zählt zu den Wundern der Natur.

✳ DIE Farben und Texturen von Fell, Gefieder, Haut und Schuppen bieten ein lohnendes Betätigungsfeld für Einzelstudien im Skizzenbuch. Suchen Sie nach Wegen, sie überzeugend wiederzugeben.

KATZEN ZEICHNEN

Die Anmut und Schönheit von Katzen fasziniert Künstler schon seit Tausenden von Jahren. Zeichnen Sie einmal Ihre schlafende Katze, denn so lernt man Körperbau und Proportionen kennen. Später wird Ihnen das ermöglichen, schnell und genau eine Katze in Bewegung wiederzugeben. Als Nächstes zeichnen Sie Ihre Katze, wenn sie sich putzt. Die sich wiederholenden Bewegungen erleichtern es Ihnen, die anmutige Haltung zu erfassen.

✻ KATZEN können sich schnell und geschmeidig bewegen — aber auch absolut still sitzen. Meist ist Letzteres der Fall.

Lasierungen setzt man für Konturen, Binnenzeichnung und Modellieren ein.

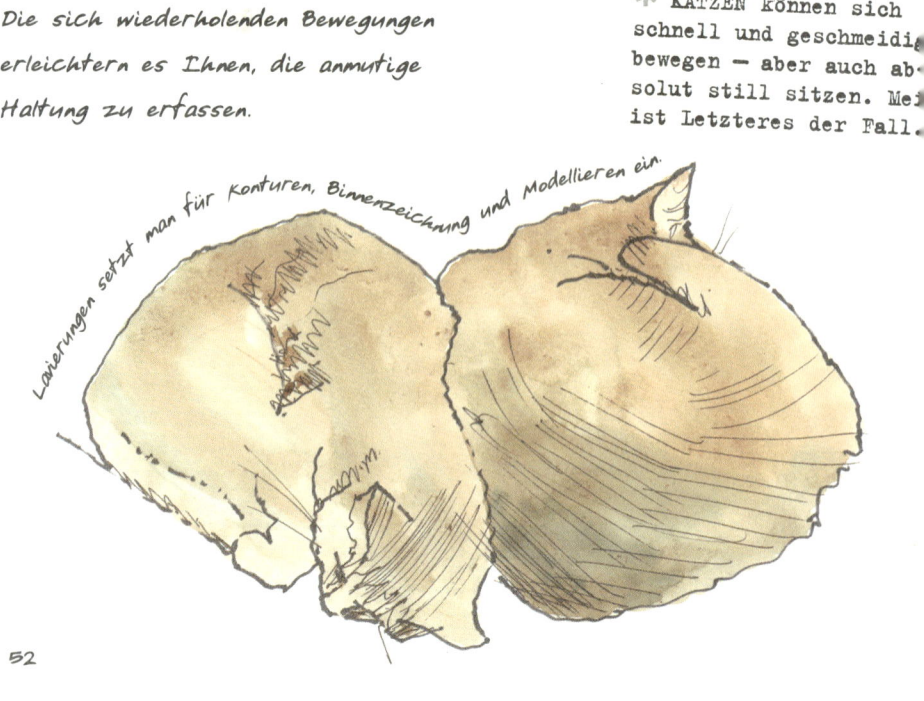

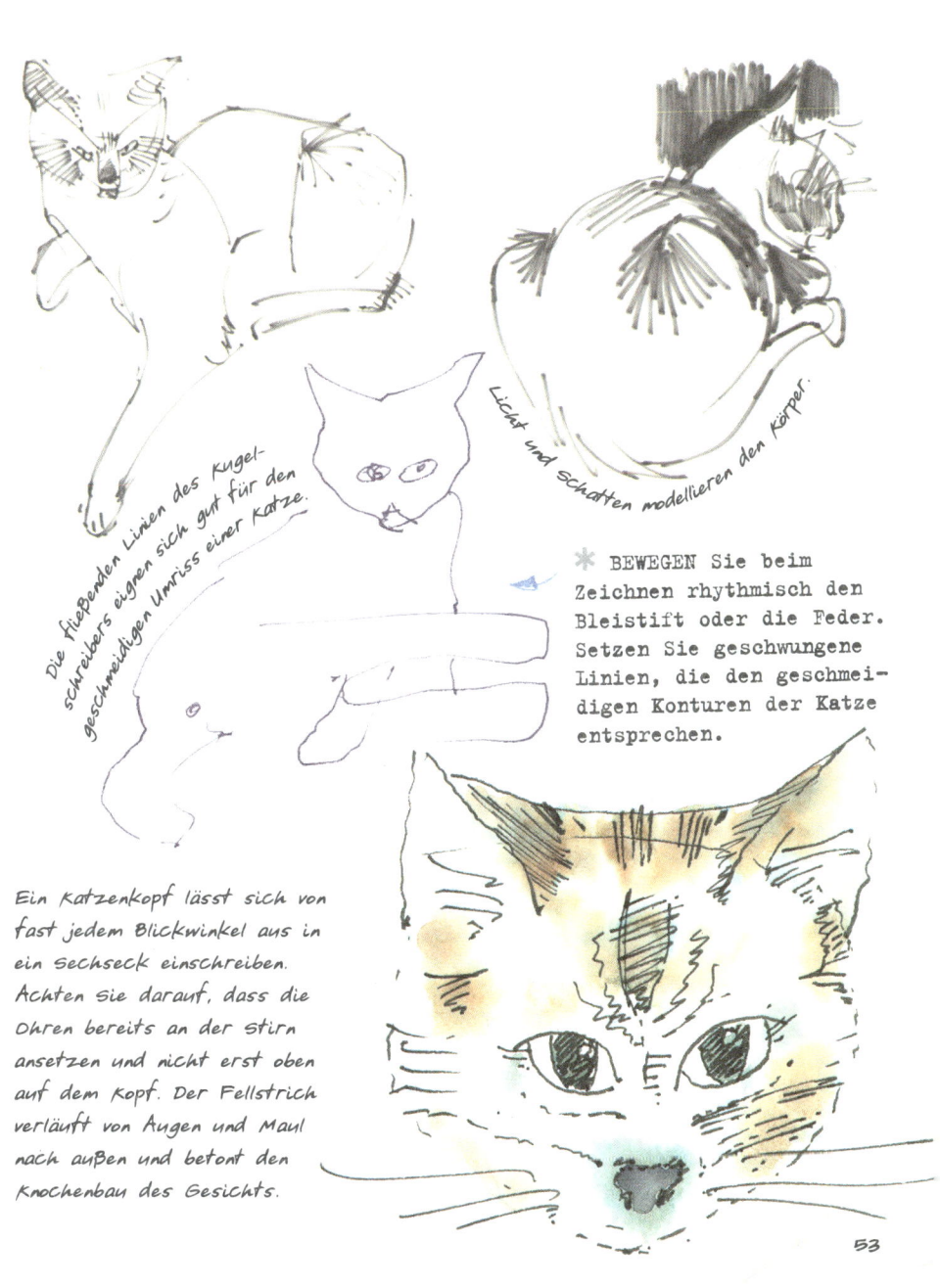

Die fließenden Linien des Kugelschreibers eignen sich gut für den geschmeidigen Umriss einer Katze.

Licht und Schatten modellieren den Körper.

✴ **BEWEGEN** Sie beim Zeichnen rhythmisch den Bleistift oder die Feder. Setzen Sie geschwungene Linien, die den geschmeidigen Konturen der Katze entsprechen.

Ein Katzenkopf lässt sich von fast jedem Blickwinkel aus in ein Sechseck einschreiben. Achten Sie darauf, dass die Ohren bereits an der Stirn ansetzen und nicht erst oben auf dem Kopf. Der Fellstrich verläuft von Augen und Maul nach außen und betont den Knochenbau des Gesichts.

HUNDE ZEICHNEN

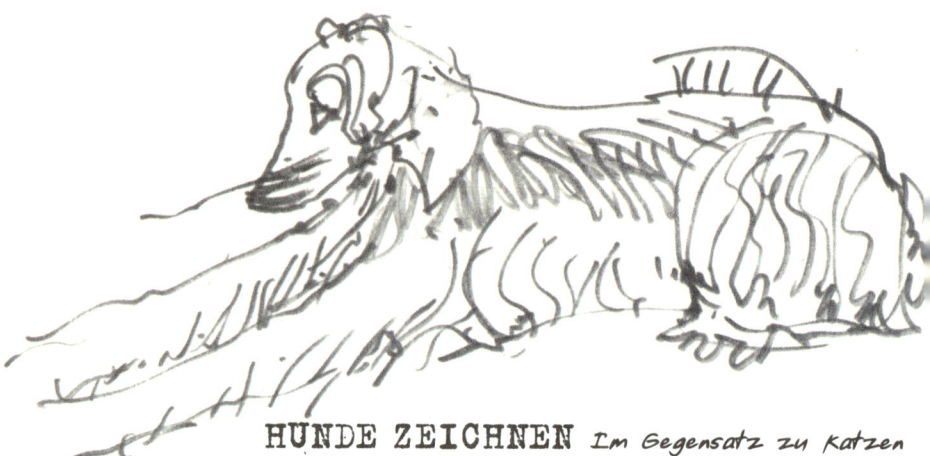

Im Gegensatz zu Katzen kann man gut erzogene Hunde dazu bringen still zu sitzen. Versuchen Sie nicht, jedes Haar zu erfassen, sondern achten Sie stattdessen auf liebenswerte Merkmale, die Ihren Hund auszeichnen. Vielleicht hat er Hängeohren? Oder kann „lächeln"? So wirkt Ihr Tierporträt lebendiger.

ÜBUNG

Fotos bieten sich an, um Tiere skizzieren zu lernen. Zwar wirkt die Bewegung oft wie eingefroren und die Details treten nicht plastisch genug hervor. Dafür lässt sich gut der Abstand zwischen Schnauze, Augen und Ohren studieren oder der Winkel zwischen Kopf und Körper.

Fotos eignen sich, um Körperbau und Proportionen zu studieren.

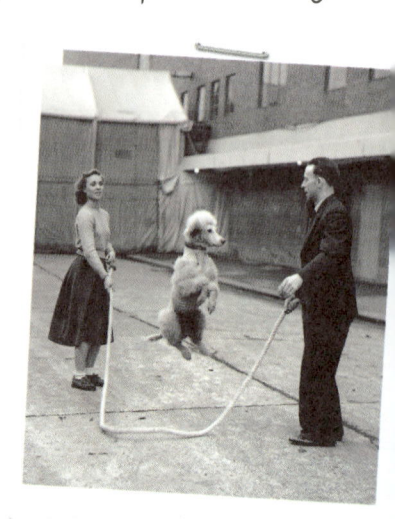

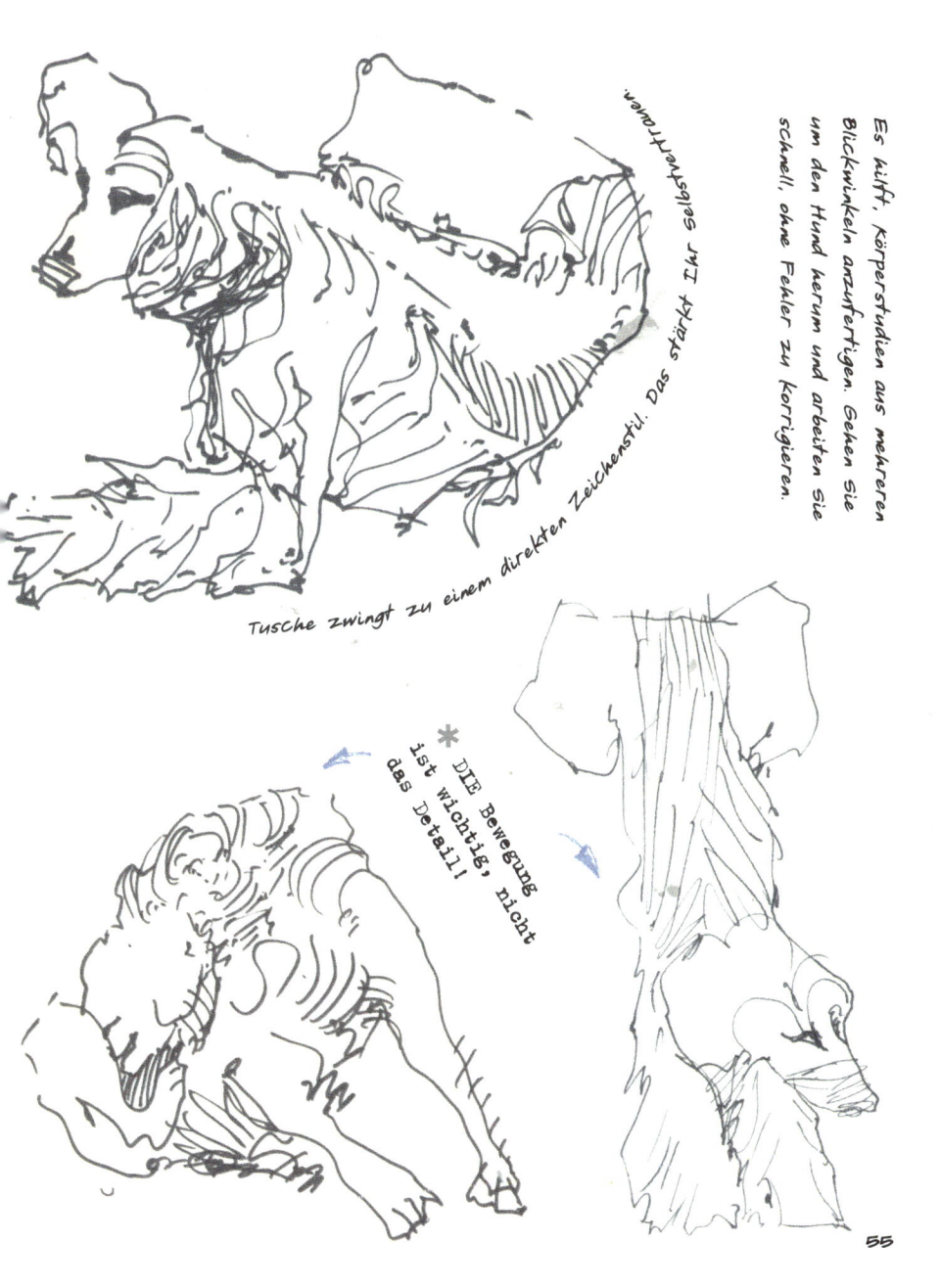

Es hilft, Körperstudien aus mehreren Blickwinkeln anzufertigen. Gehen Sie um den Hund herum und arbeiten Sie schnell, ohne Fehler zu korrigieren.

Tusche zwingt zu einem direkten Zeichenstil. Das stärkt Ihr Selbstvertrauen.

* DIE Bewegung ist wichtig, nicht das Detail!

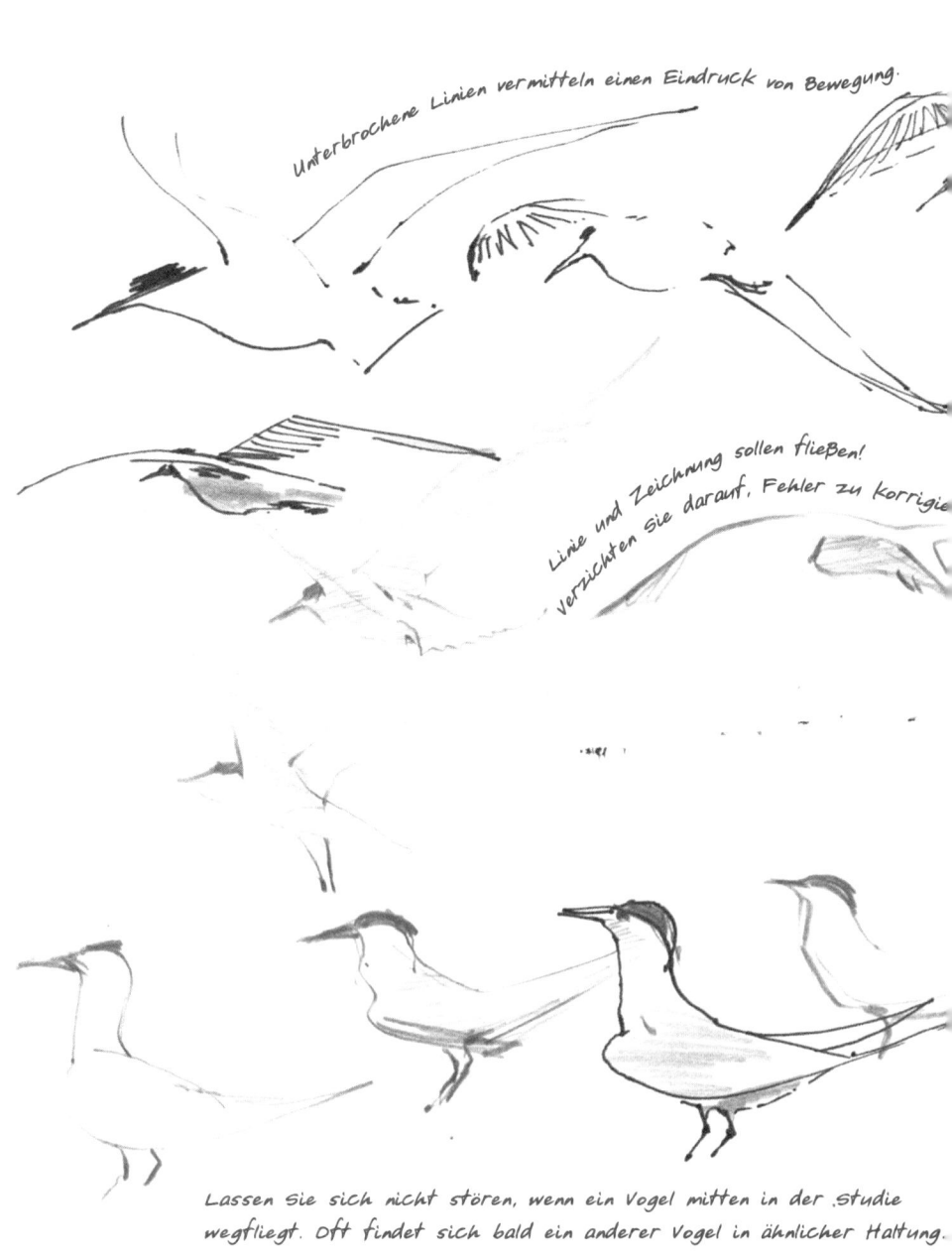

Unterbrochene Linien vermitteln einen Eindruck von Bewegung.

Linie und Zeichnung sollen fließen! Verzichten Sie darauf, Fehler zu korrigie[ren]

Lassen Sie sich nicht stören, wenn ein Vogel mitten in der Studie wegfliegt. Oft findet sich bald ein anderer Vogel in ähnlicher Haltung.

VÖGEL IM FLUG

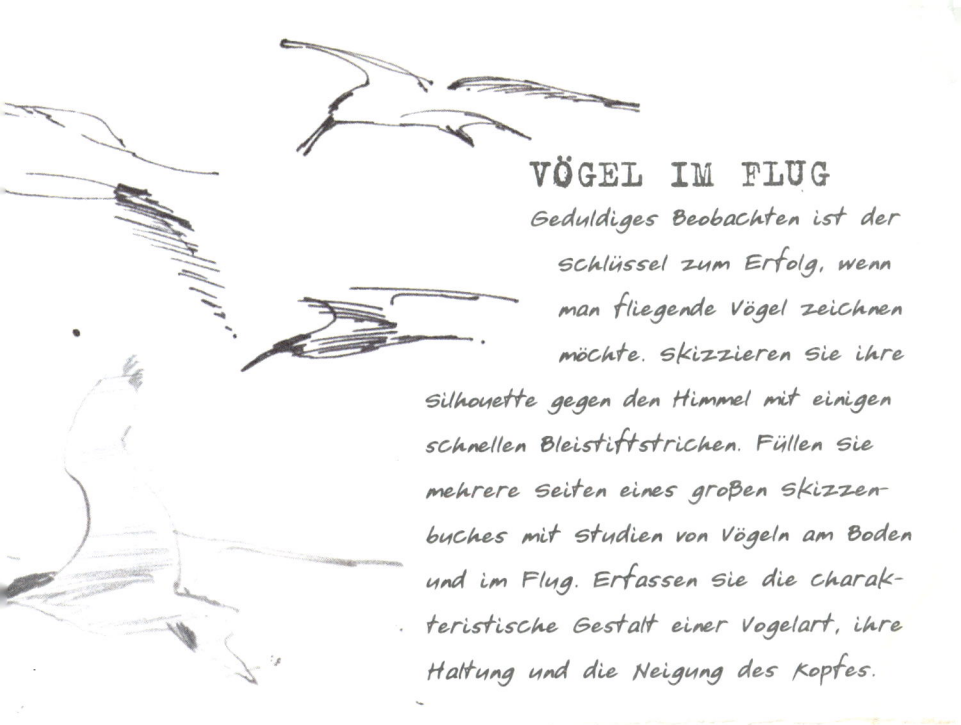

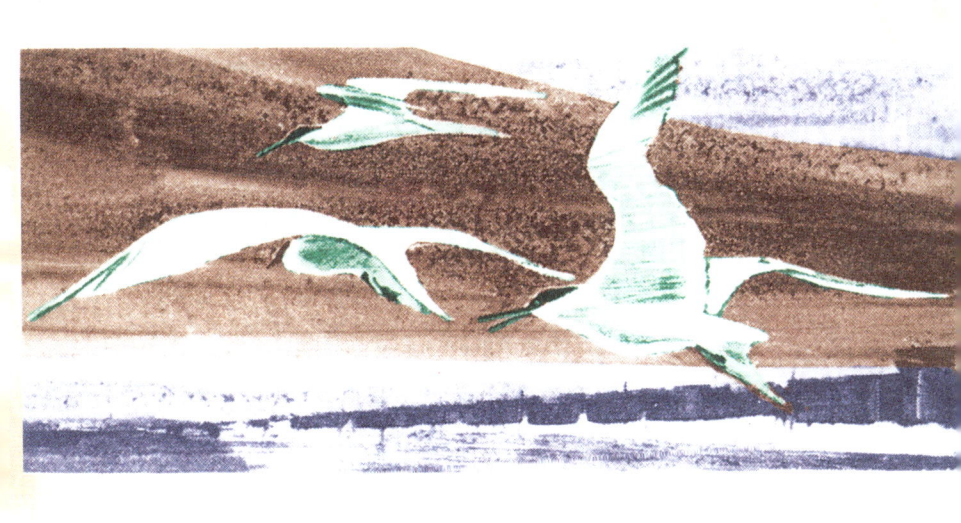

Geduldiges Beobachten ist der Schlüssel zum Erfolg, wenn man fliegende Vögel zeichnen möchte. Skizzieren Sie ihre Silhouette gegen den Himmel mit einigen schnellen Bleistiftstrichen. Füllen Sie mehrere Seiten eines großen Skizzenbuches mit Studien von Vögeln am Boden und im Flug. Erfassen Sie die charakteristische Gestalt einer Vogelart, ihre Haltung und die Neigung des Kopfes.

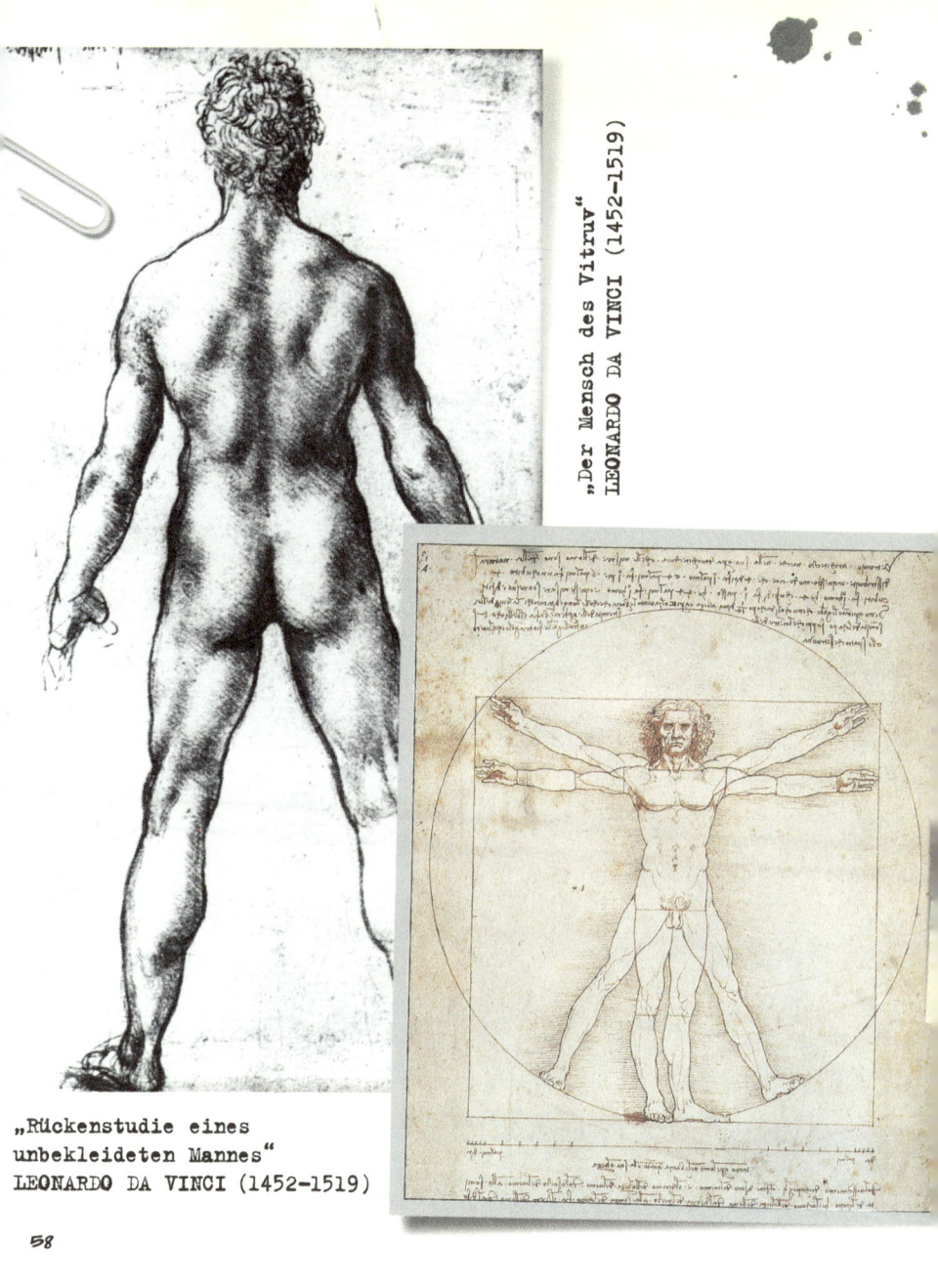

„Der Mensch des Vitruv"
LEONARDO DA VINCI (1452-1519)

„Rückenstudie eines
unbekleideten Mannes"
LEONARDO DA VINCI (1452-1519)

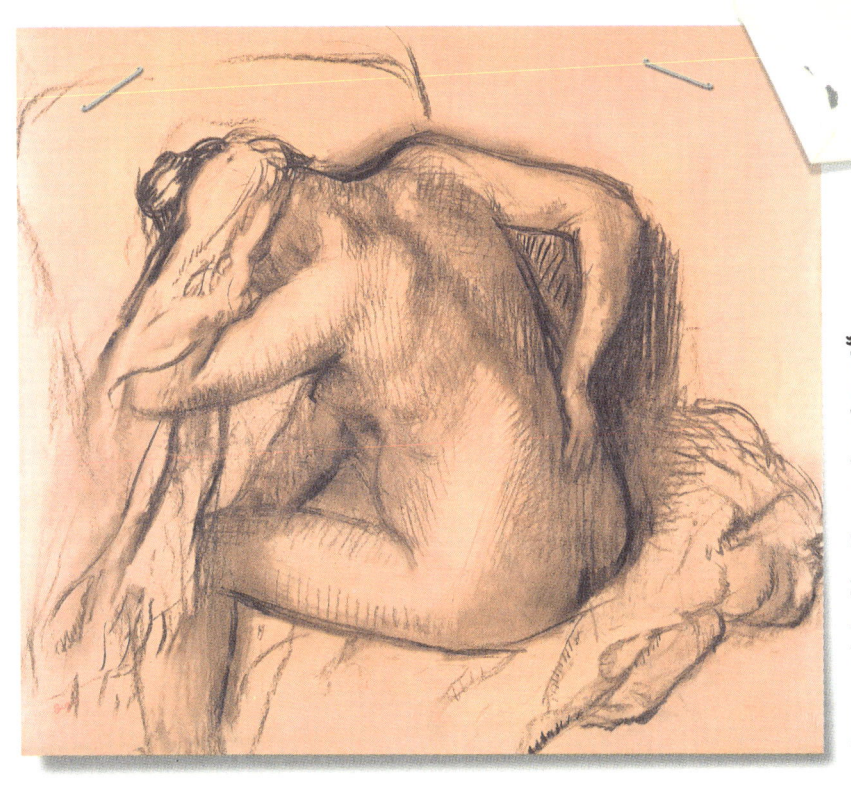

„Frau, sich die Haare trocknend" (ca. 1895) EDGAR DEGAS (1834–1917)

MENSCHEN ZEICHNEN
Wenn man Menschen zeichnen kann, heißt es, kann man alles zeichnen. Diese Fähigkeit lässt sich erwerben – indem man genau beobachtet, Kenntnisse über Anatomie und Proportionen erwirbt ... und natürlich immer wieder übt. Ihr Skizzenbuch eignet sich dafür am allerbesten.

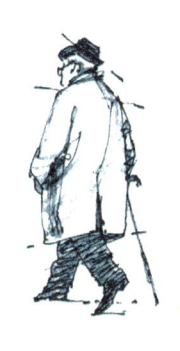

VON INNEN NACH AUSSE

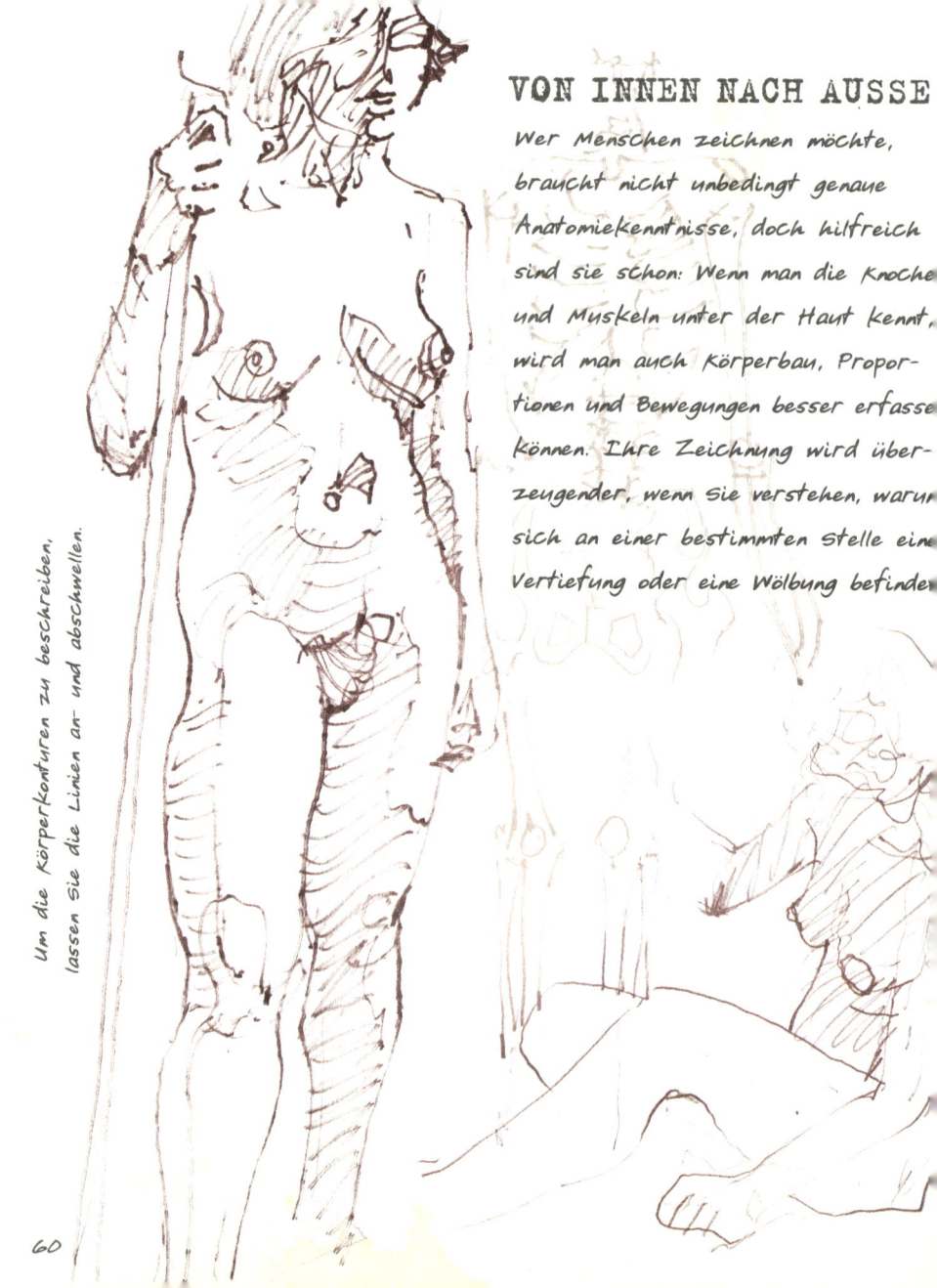

Wer Menschen zeichnen möchte, braucht nicht unbedingt genaue Anatomiekenntnisse, doch hilfreich sind sie schon: Wenn man die Knoche und Muskeln unter der Haut kennt, wird man auch Körperbau, Proportionen und Bewegungen besser erfasse können. Ihre Zeichnung wird überzeugender, wenn Sie verstehen, warur sich an einer bestimmten Stelle eine Vertiefung oder eine Wölbung befinde

Um die Körperkonturen zu beschreiben, lassen Sie die Linien an- und abschwellen.

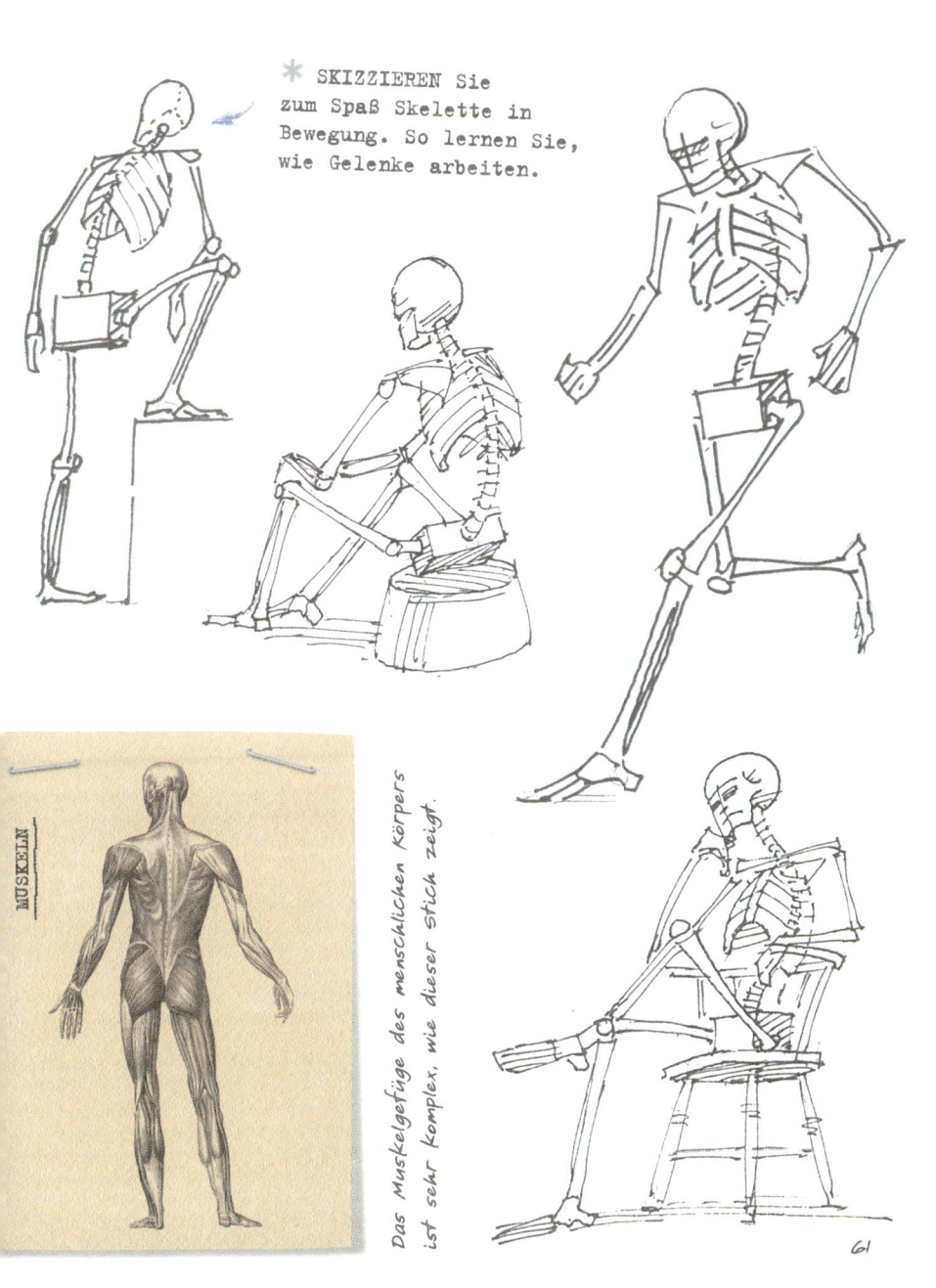

* SKIZZIEREN Sie zum Spaß Skelette in Bewegung. So lernen Sie, wie Gelenke arbeiten.

Das Muskelgefüge des menschlichen Körpers ist sehr komplex, wie dieser Stich zeigt.

MUSKELN

MASSE UND PROPORTIONEN

Obwohl Menschen sich stark unterscheiden, ist e hilfreich, die „durchschnittlichen" menschlichen Proportionen zu kennen und sie sich beim Zeichne zu vergegenwärtigen. Nach klassischen Vorstellung ist der Körper eines Erwachsenen sieben- bis ach mal so lang wie sein Kopf. Natürlich hat das genau Beobachten immer Vorrang vor dieser Faustregel, nützlich sie auch sein mag. Zum Beispiel können di Beine kurz oder lang im Verhältnis zum Körper sei

Der Ellbogen liegt etwa in der Mitte des Armes.

Die Beine setzen etwa in der Mitte des Körpers an.

* DAS Knie liegt etwa in der Mitte des Beines.

MESSEN

Mit dem Stift können Sie Maße und Winkel von Körperteilen miteinander vergleichen. Halten Sie ihn von sich weg und zwar auf die gleiche Höhe wie Ihr Motiv. Nun schließen Sie ein Auge und markieren mit dem Daumennagel den Maßstab.

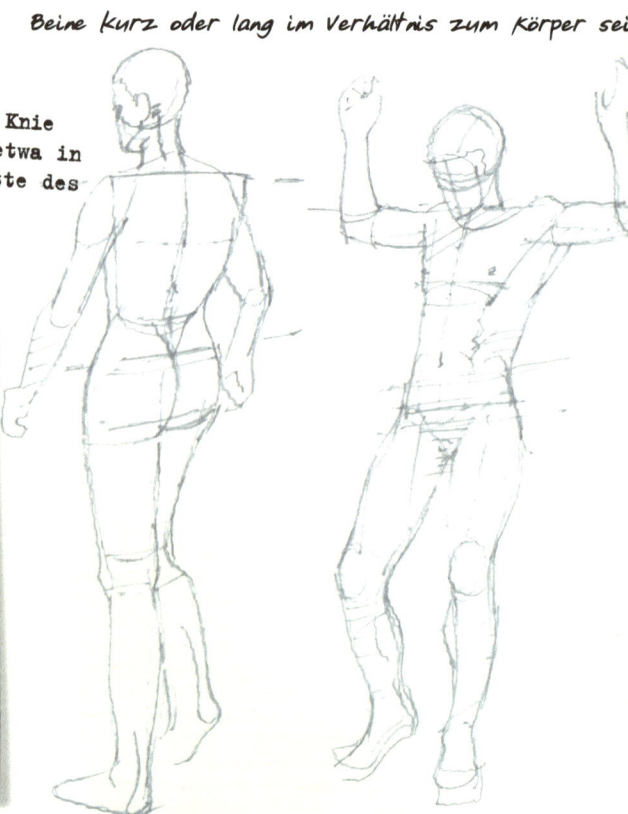

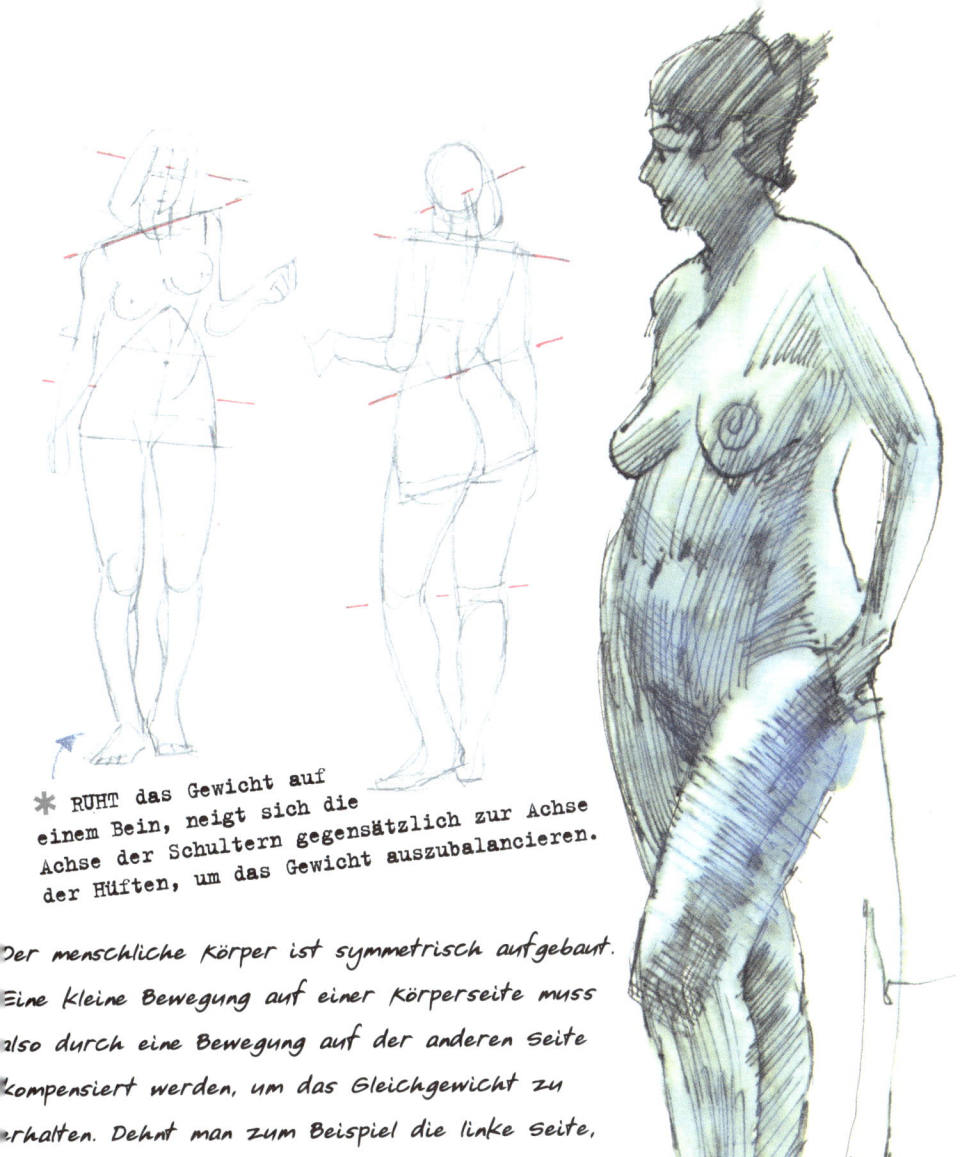

✱ RUHT das Gewicht auf einem Bein, neigt sich die Achse der Schultern gegensätzlich zur Achse der Hüften, um das Gewicht auszubalancieren.

Der menschliche Körper ist symmetrisch aufgebaut. Eine kleine Bewegung auf einer Körperseite muss also durch eine Bewegung auf der anderen Seite kompensiert werden, um das Gleichgewicht zu erhalten. Dehnt man zum Beispiel die linke Seite, so beugt sich die rechte. Beginnen Sie eine Zeichnung, indem Sie die waagerechten Achsen durch Schultern, Hüften und Knie skizzieren.

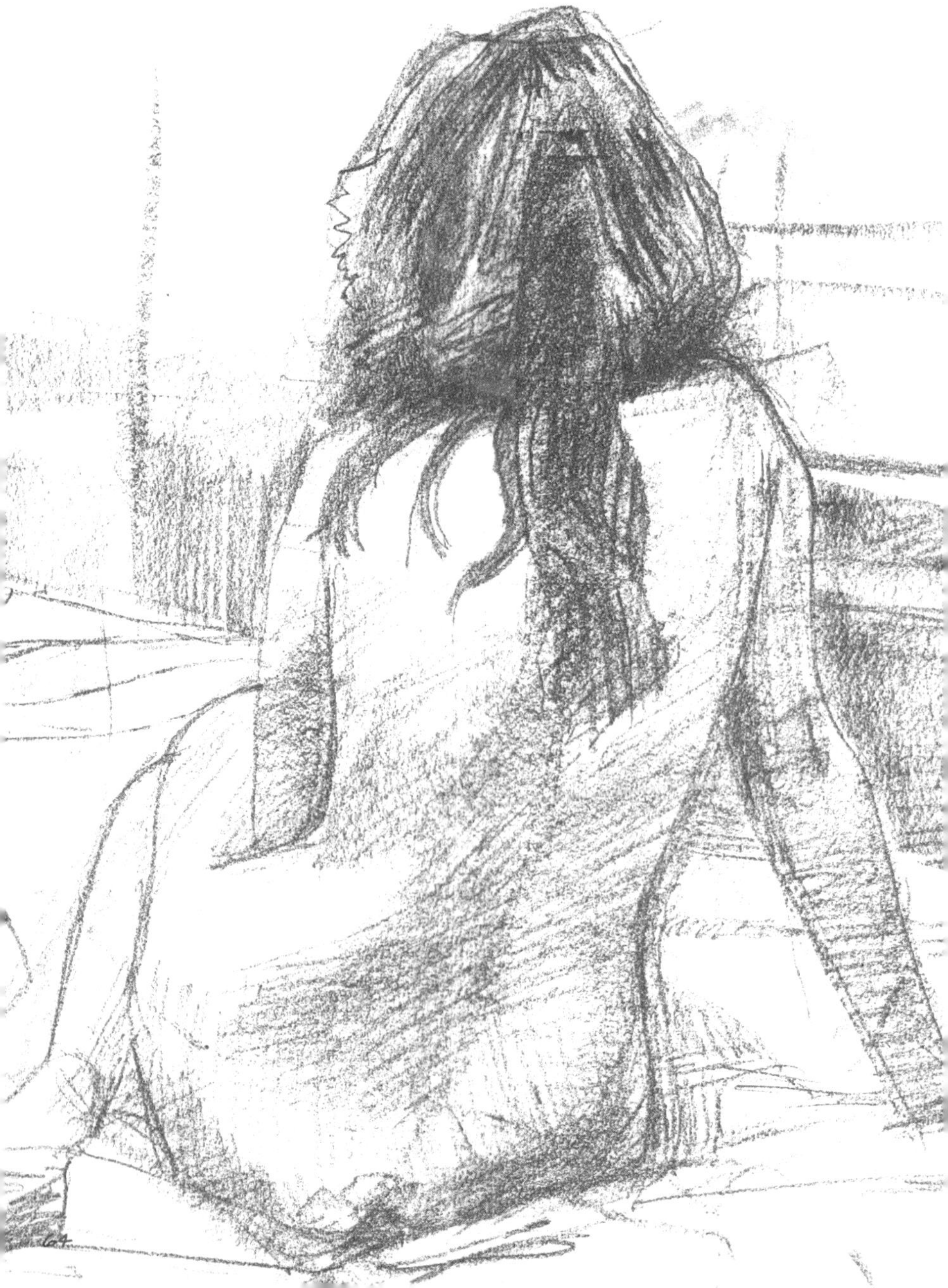

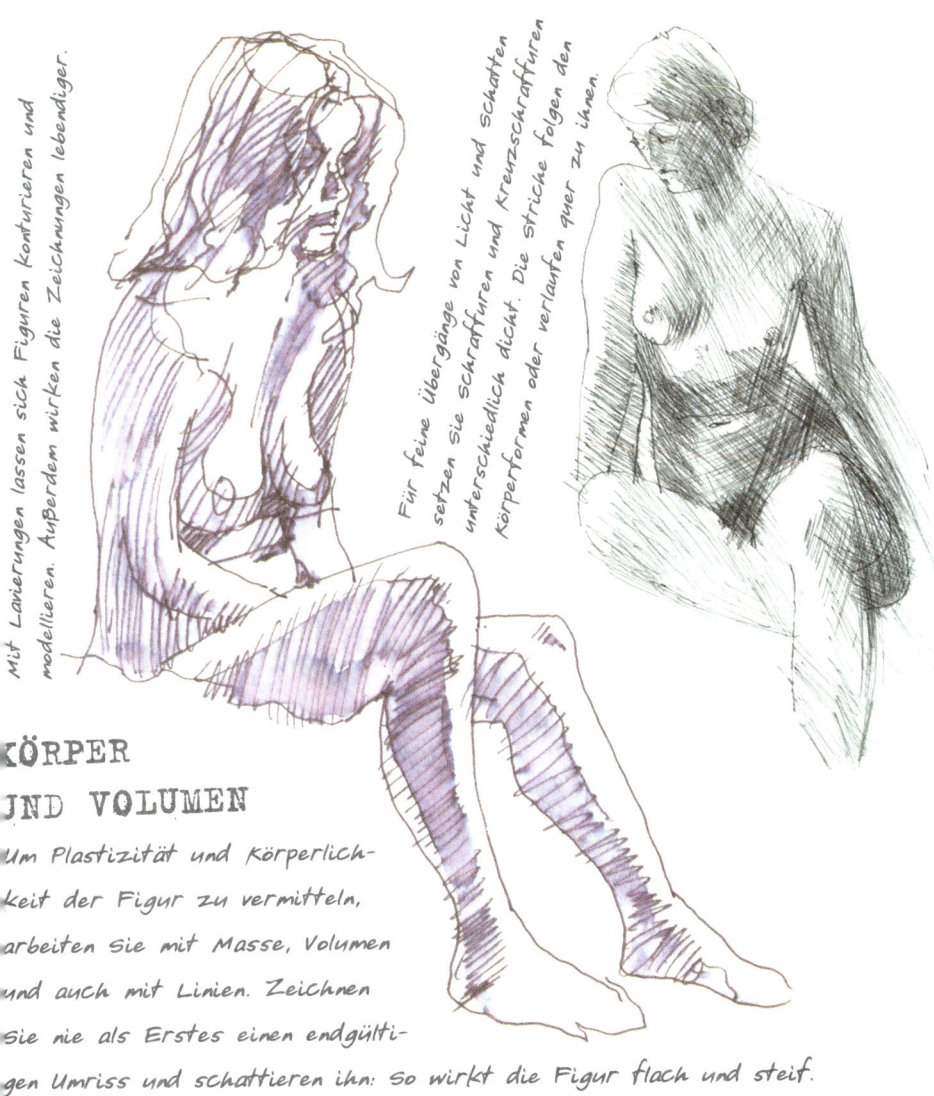

Mit Lavierungen lassen sich Figuren konturieren und modellieren. Außerdem wirken die Zeichnungen lebendiger.

Für feine Übergänge von Licht und Schatten setzen Sie Schraffuren und Kreuzschraffuren unterschiedlich dicht. Die Striche folgen den Körperformen oder verlaufen quer zu ihnen.

KÖRPER UND VOLUMEN

Um Plastizität und Körperlichkeit der Figur zu vermitteln, arbeiten Sie mit Masse, Volumen und auch mit Linien. Zeichnen Sie nie als Erstes einen endgültigen Umriss und schattieren ihn: So wirkt die Figur flach und steif. Beginnen Sie lieber mit leichten, federartigen Strichen und verstärken Sie dann den Druck bei den geschwungenen Linien von Hüfte, Brust und Gesäß. Überarbeiten Sie die ganze Figur in einem Schwung und gestalten Sie die Tonwerte zur gleichen Zeit wie die Konturen.

KÖPFE ZEICHNEN

Nur wenige Motive stellen für Künstler eine so große Herausforderung dar wie der menschliche Kopf. Er ist unendlich variantenreich. Erst durch genaues Beobachten wird es Ihnen gelingen, ein wirklichkeitsnahes Porträt zu erstellen. Es gibt keine zwei Köpfe, die völlig identisch sind. Dennoch sind die physiologischen Grundvoraussetzungen wichtig. Wer die Gesichtsproportionen kennt, wird genau und einfühlsam zeichnen.

Von der Seite und von vorne gesehen ist der eigentliche Schädelbereich sehr groß im Vergleich zum Gesicht (Augen, Nase, Mund). Vergegenwärtigen Sie sich beim Zeichnen die Grundform des Schädels. Erfassen Sie sie.

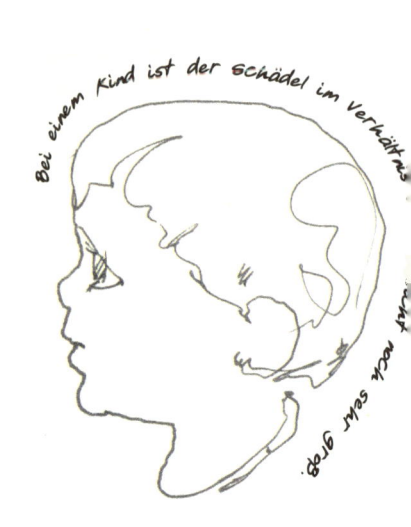

Bei einem Kind ist der Schädel im Verhältnis noch sehr groß.

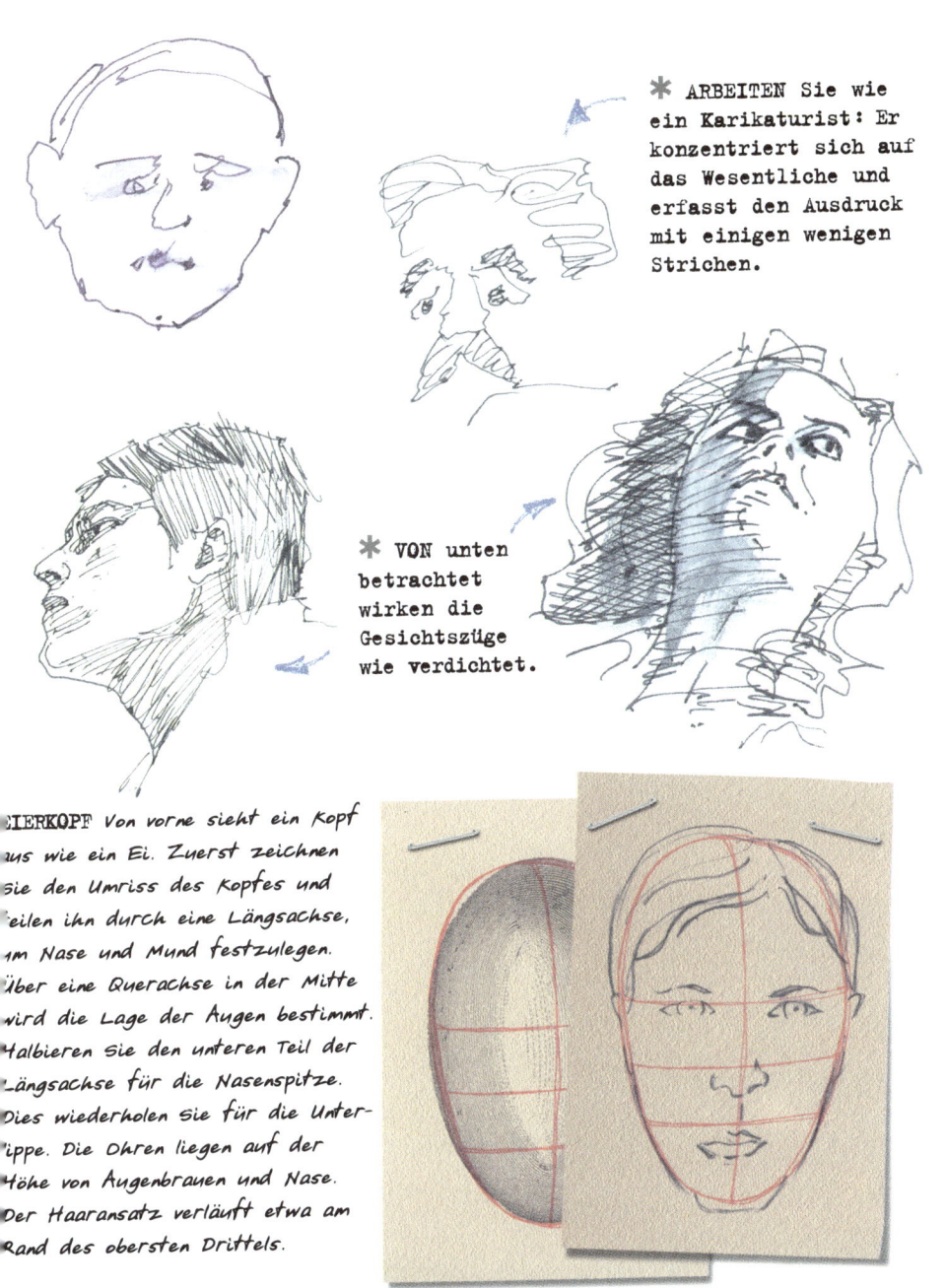

✷ **ARBEITEN** Sie wie ein Karikaturist: Er konzentriert sich auf das Wesentliche und erfasst den Ausdruck mit einigen wenigen Strichen.

✷ **VON** unten betrachtet wirken die Gesichtszüge wie verdichtet.

EIERKOPF Von vorne sieht ein Kopf aus wie ein Ei. Zuerst zeichnen Sie den Umriss des Kopfes und teilen ihn durch eine Längsachse, um Nase und Mund festzulegen. Über eine Querachse in der Mitte wird die Lage der Augen bestimmt. Halbieren Sie den unteren Teil der Längsachse für die Nasenspitze. Dies wiederholen Sie für die Unterlippe. Die Ohren liegen auf der Höhe von Augenbrauen und Nase. Der Haaransatz verläuft etwa am Rand des obersten Drittels.

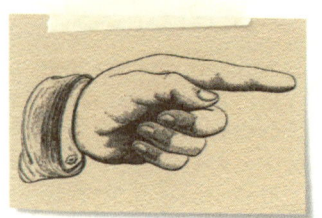

HÄNDE UND FÜSSE ZEICHNEN

Hände zu zeichnen ist besonders schwierig. Im 18. Jahrhundert verlangten Künstler für ein Porträt mit zwei Händen mehr Geld als für eines mit einer Hand! Die Hand besteht aus drei Hauptelementen: Daumen, Fingern und Handfläche. Erfassen Sie sie zunächst als einfache Rechtecke. Arbeiten Sie dann die Konturen aus und beobachten genau, wie jeder Finger im Verhältnis zum anderen geformt ist. Betrachten Sie auch den Freiraum zwischen ihnen. Gestalten Sie beleuchtete und beschattete Flächen mithilfe von Schraffuren. Dabei sollen die Striche Knochenbau und Muskeln folgen.

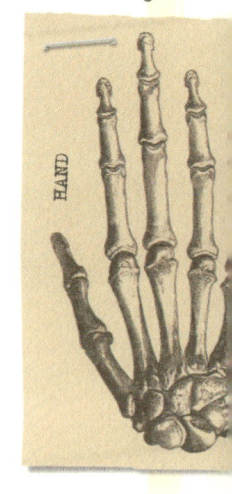

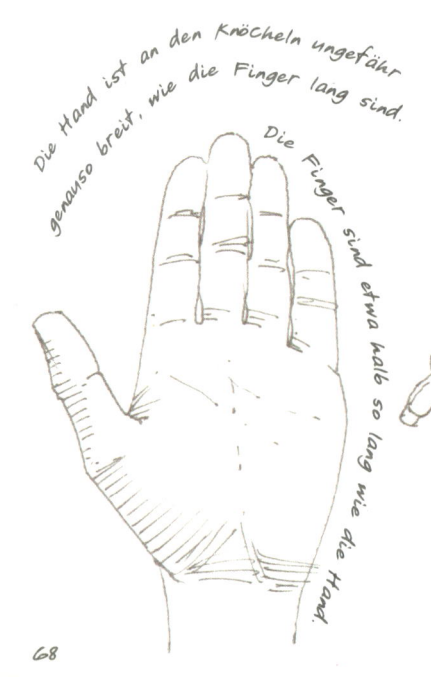

Die Hand ist an den Knöcheln ungefähr genauso breit, wie die Finger lang sind.

Die Finger sind etwa halb so lang wie die Hand.

✳ BITTEN Sie einen Freund, die Hände beim Fernsehen oder Lesen ganz still zu halten, sodass Sie sie skizzieren können.

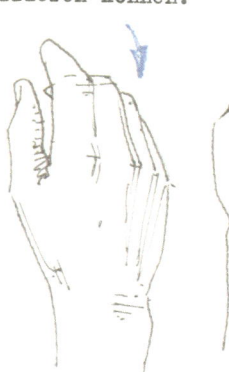

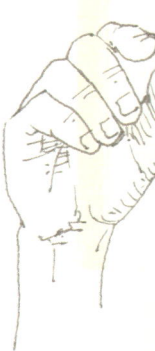

Die Füße sind ebenfalls wichtig,
wenn man ein Modell zeichnet –
besonders wenn es steht, denn
die Füße tragen sein ganzes
Gewicht. Verfahren Sie wie bei
den Händen: Erfassen Sie zuerst
die Grundformen und gehen dann
zum Detail über. Hände und
Füße sind erstaunlich groß. Sie
sind fast genauso lang wie das Gesicht
und etwa halb so breit.

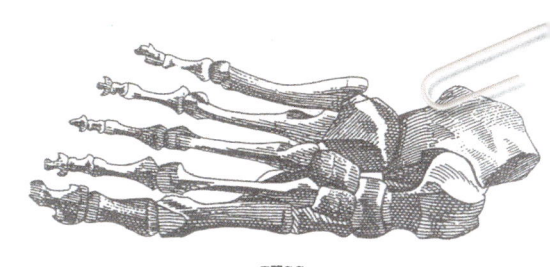

FUSS

Die Fußknochen sind überraschend lang. Die Zehen wirken vergleichsweise kurz!

* SKIZZIEREN Sie die Füße eines Freundes. Füllen Sie eine ganze Seite Ihres Skizzenbuches mit Studien aus den verschiedensten Blickwinkeln. Achten Sie darauf, die Füße etwas schräg an das Bein anzusetzen und nicht ganz gerade.

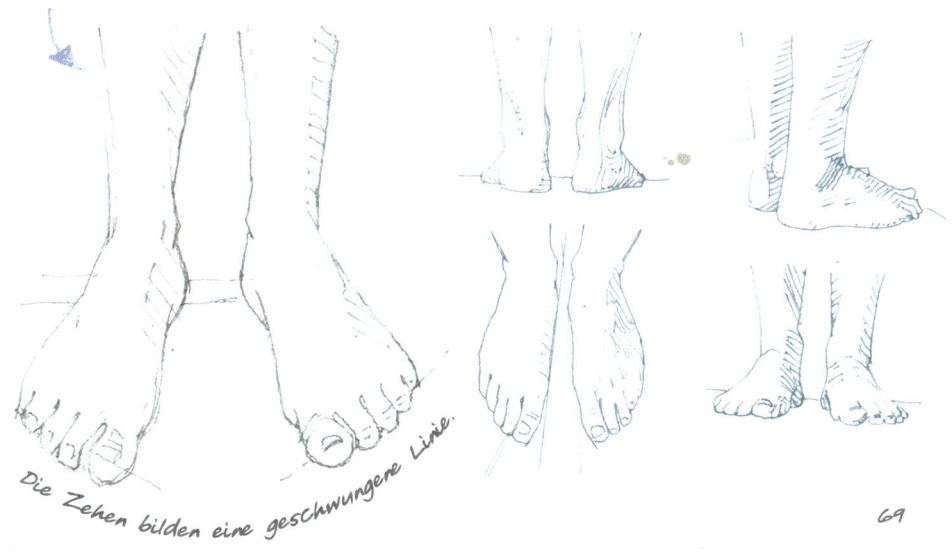

Die Zehen bilden eine geschwungene Linie.

FAMILIE UND FREUNDE ZEICHNEN

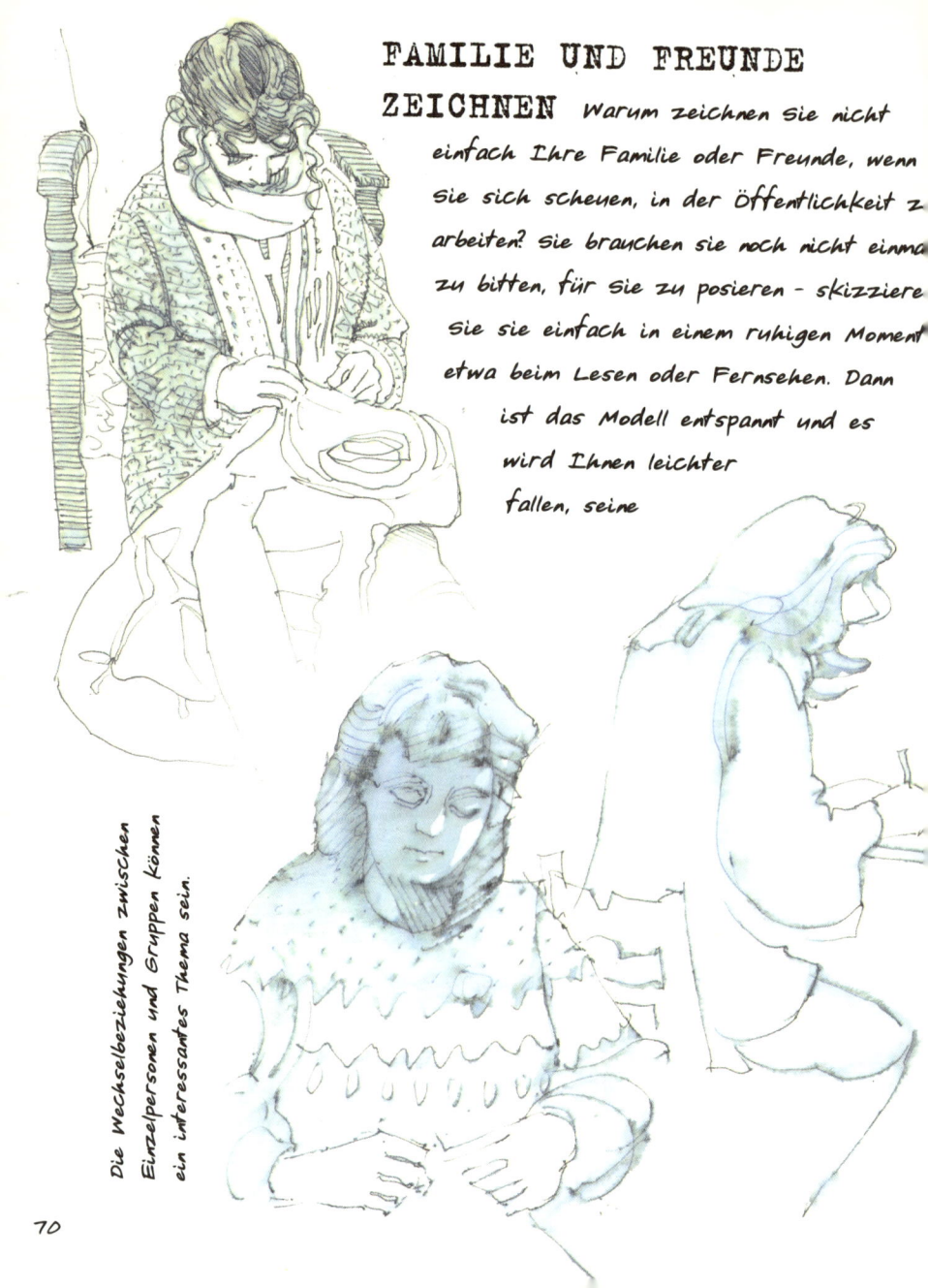

Warum zeichnen sie nicht einfach Ihre Familie oder Freunde, wenn sie sich scheuen, in der Öffentlichkeit zu arbeiten? Sie brauchen sie noch nicht einmal zu bitten, für Sie zu posieren – skizzieren Sie sie einfach in einem ruhigen Moment etwa beim Lesen oder Fernsehen. Dann ist das Modell entspannt und es wird Ihnen leichter fallen, seine

Die Wechselbeziehungen zwischen Einzelpersonen und Gruppen können ein interessantes Thema sein.

Persönlichkeit oder einen charakteristischen Ausdruck zu erfassen. Auch Tätigkeiten wie Bügeln, Kochen oder Gartenarbeit bieten sich an. So üben Sie außerdem das Skizzieren von Figuren in Bewegung.

> **TIPP**
>
> Halten Sie am Arbeitsplatz immer ein Skizzenbuch griffbereit. Nutzen Sie zum Beispiel die Mittagspause, um Ihre Kollegen zu zeichnen. Sie werden nicht auf sie achten, wenn sie sich auf ihre Tätigkeit konzentrieren. Haltung, Ausdruck und Gestik sind dann entspannt und natürlich.

◀ VERLEIHEN Sie der Szene Leben, indem Sie die Eigenschaften Ihres Modells betonen und im Hintergrund Details hinzufügen, die eine Geschichte andeuten.

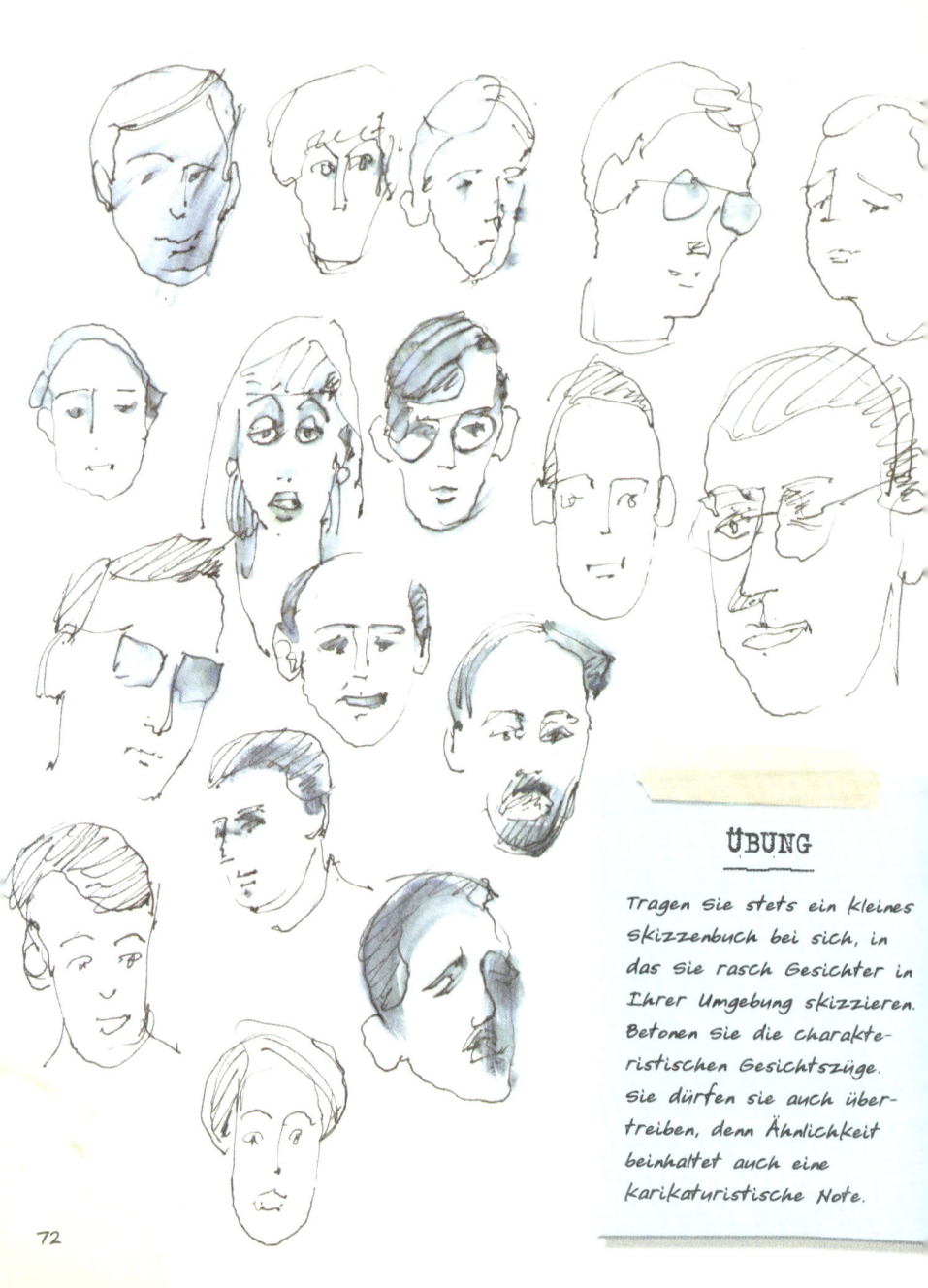

ÜBUNG

Tragen Sie stets ein kleines Skizzenbuch bei sich, in das Sie rasch Gesichter in Ihrer Umgebung skizzieren. Betonen Sie die charakteristischen Gesichtszüge. Sie dürfen sie auch übertreiben, denn Ähnlichkeit beinhaltet auch eine karikaturistische Note.

ÄHNLICHKEIT FESTHALTEN

Versuchen Sie nicht zu früh, Details zu bearbeiten, so verführerisch es auch sein mag. Konzentrieren Sie sich erst auf die Form des Kopfes, seine Neigung, die Position des Kiefers und die allgemeine Erscheinung. Erfassen Sie die dominierenden Winkel und Formen, bevor Sie Details hinzufügen. Jeder Mensch hat andere Gesichtsproportionen. Mit dem Bleistift als Maßstab lassen sich die Länge und Größe eines Merkmals bestimmen sowie Winkel und Abstände messen. Wo liegt der Augenwinkel im Vergleich zum Mundwinkel? Wie verhalten sich Kopfbreite und -länge zueinander?

✱ **PORTRÄTS** üben Sie zunächst mit einem Bleistift. Erst wenn Sie auch differenzierte Details sicher wiedergeben können, gehen Sie zu Feder und Tusche über.

MODELLZEICHN.

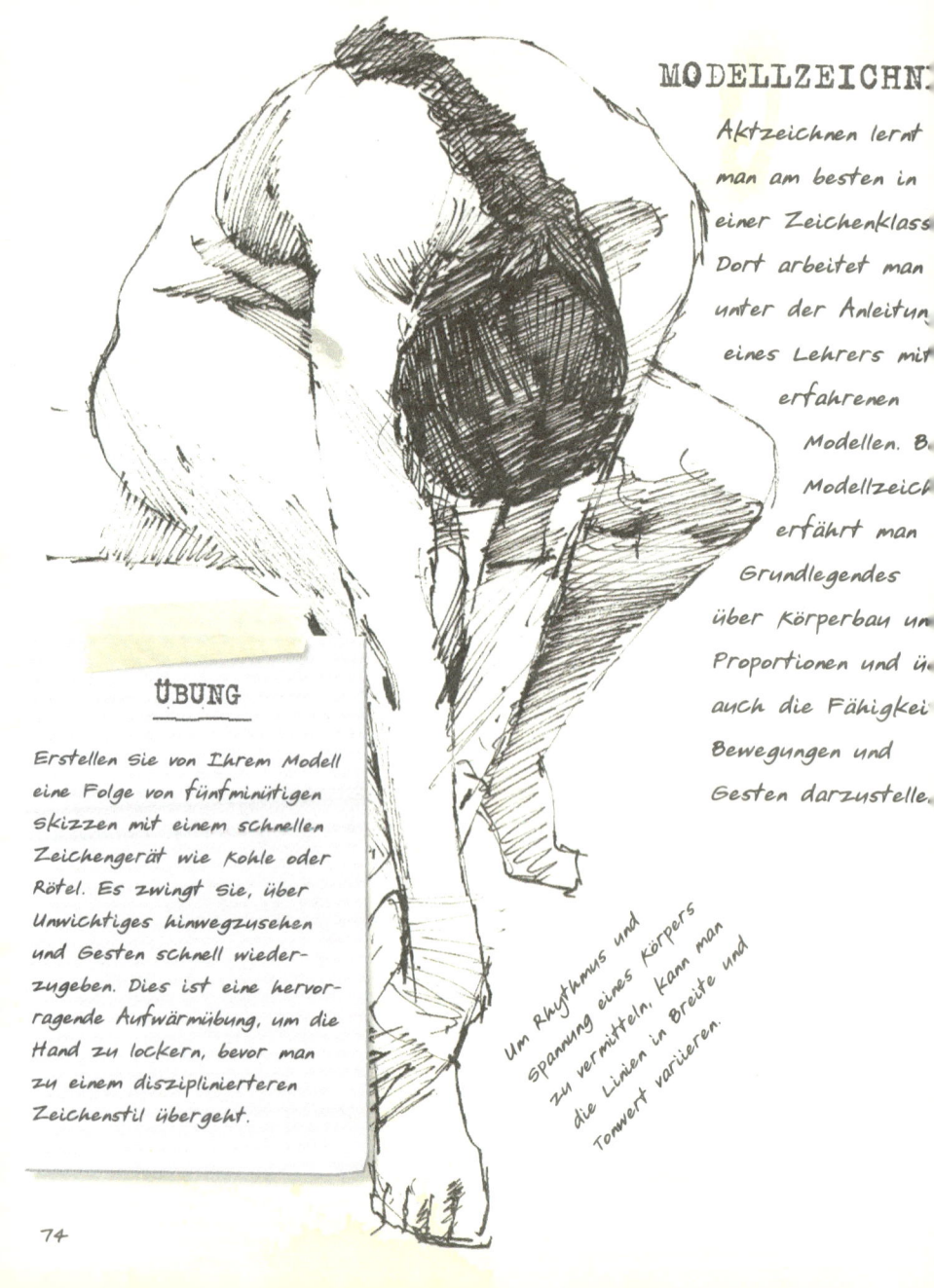

Aktzeichnen lernt man am besten in einer Zeichenklass. Dort arbeitet man unter der Anleitun eines Lehrers mit erfahrenen Modellen. B. Modellzeich. erfährt man Grundlegendes über Körperbau un Proportionen und ü. auch die Fähigkei Bewegungen und Gesten darzustelle.

ÜBUNG

Erstellen Sie von Ihrem Modell eine Folge von fünfminütigen Skizzen mit einem schnellen Zeichengerät wie Kohle oder Rötel. Es zwingt Sie, über Unwichtiges hinwegzusehen und Gesten schnell wiederzugeben. Dies ist eine hervorragende Aufwärmübung, um die Hand zu lockern, bevor man zu einem disziplinierteren Zeichenstil übergeht.

Um Rhythmus und Spannung eines Körpers zu vermitteln, kann man die Linien in Breite und Tonwert variieren.

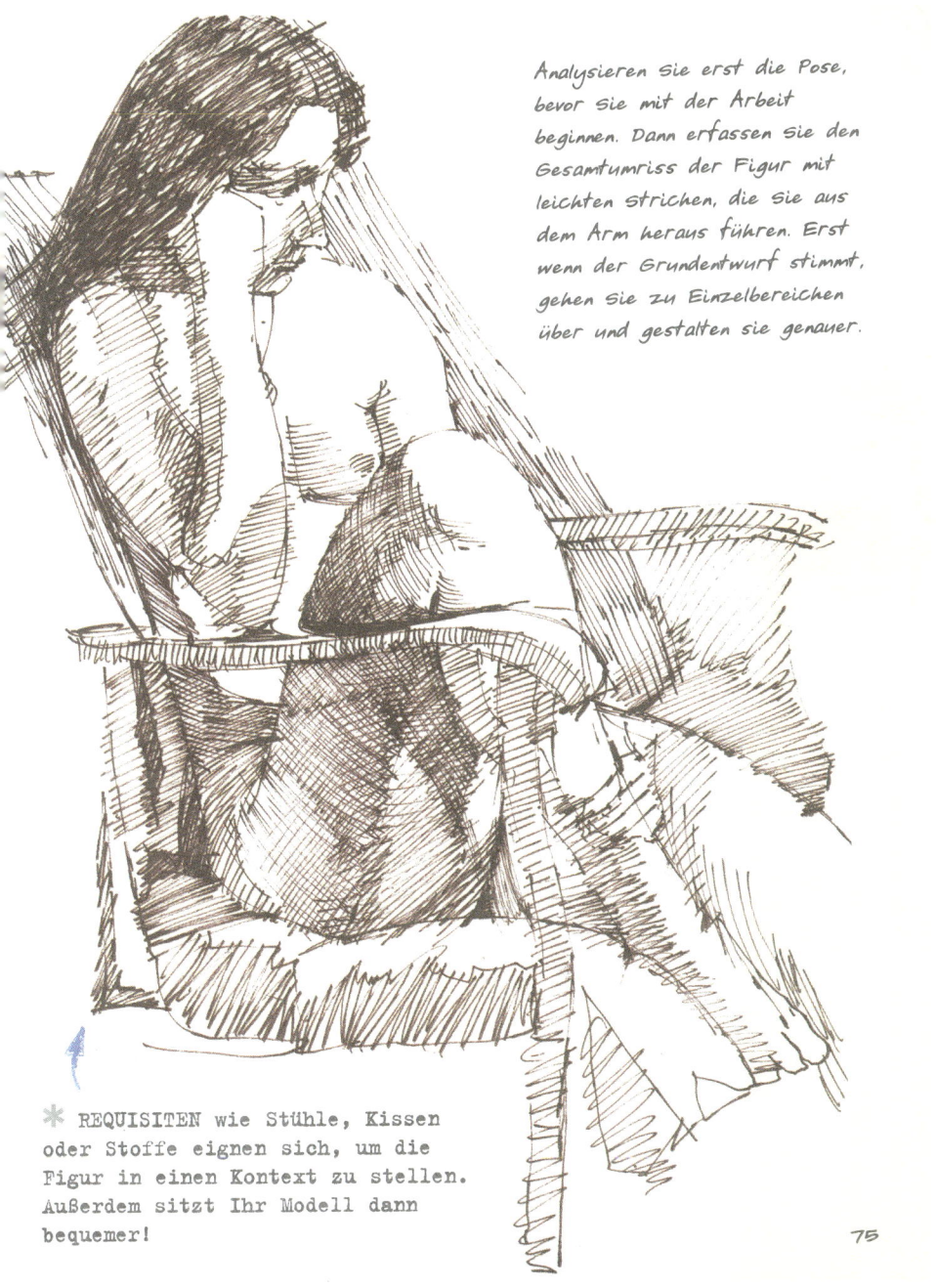

Analysieren Sie erst die Pose, bevor Sie mit der Arbeit beginnen. Dann erfassen Sie den Gesamtumriss der Figur mit leichten Strichen, die Sie aus dem Arm heraus führen. Erst wenn der Grundentwurf stimmt, gehen Sie zu Einzelbereichen über und gestalten sie genauer.

✳ REQUISITEN wie Stühle, Kissen oder Stoffe eignen sich, um die Figur in einen Kontext zu stellen. Außerdem sitzt Ihr Modell dann bequemer!

„Die Zwillinge" (ca. 1901) JAMES SANT (1820-1916)

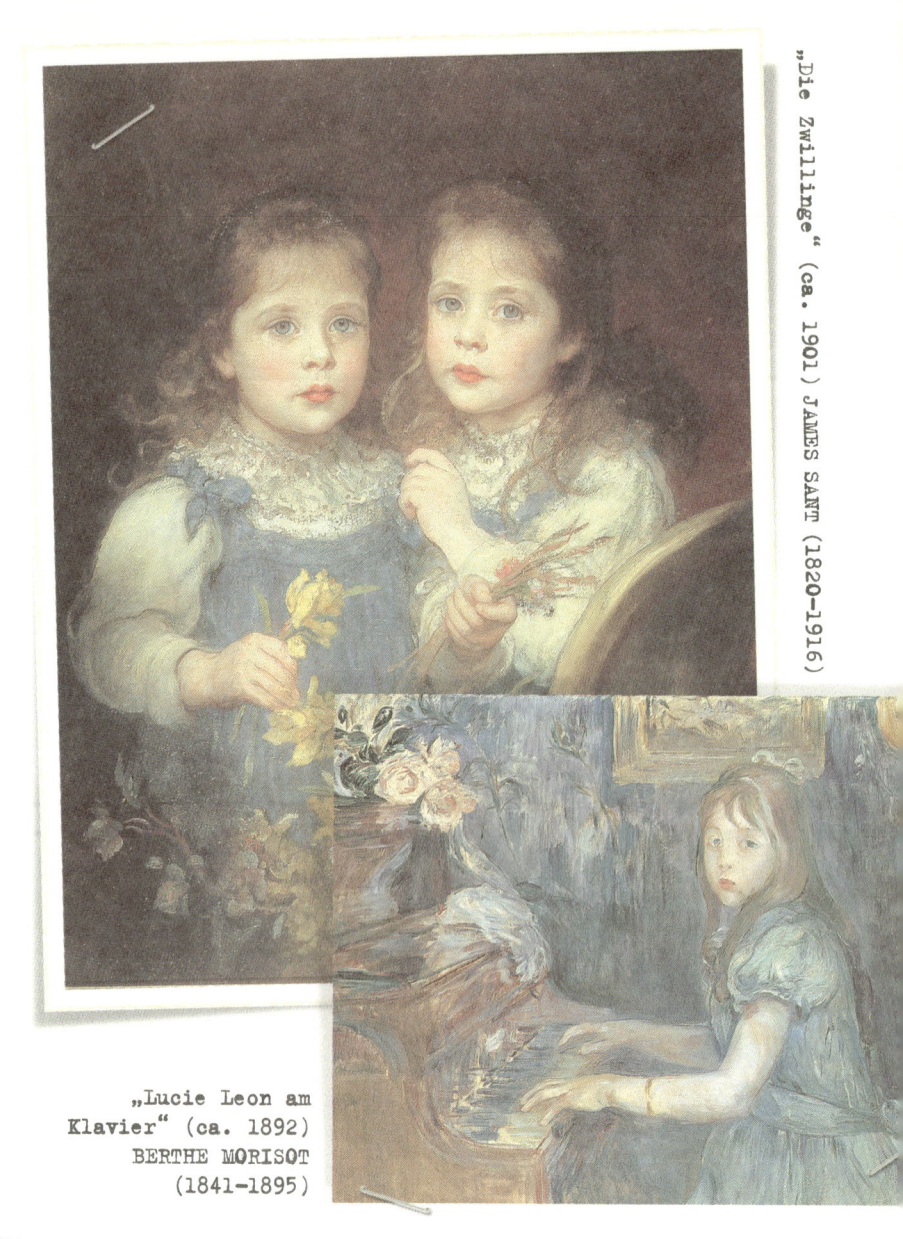

„Lucie Leon am Klavier" (ca. 1892) BERTHE MORISOT (1841-1895)

„Mutter und Kind" (1897) MARY CASSATT (1844-1926)

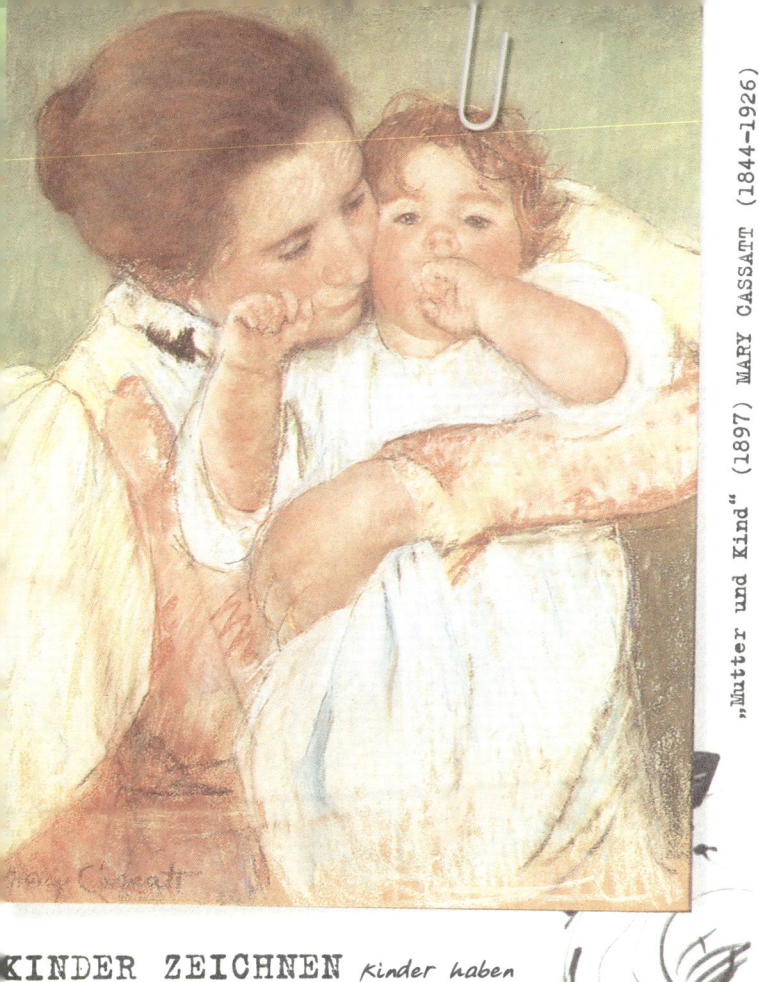

KINDER ZEICHNEN
Kinder haben einen ganz besonderen Reiz. Sie handeln weniger überlegt und sind viel spontaner und natürlicher als Erwachsene. Kinder stellen ein außerordentlich lohnendes Thema dar, besonders wenn es Ihre eigenen sind!

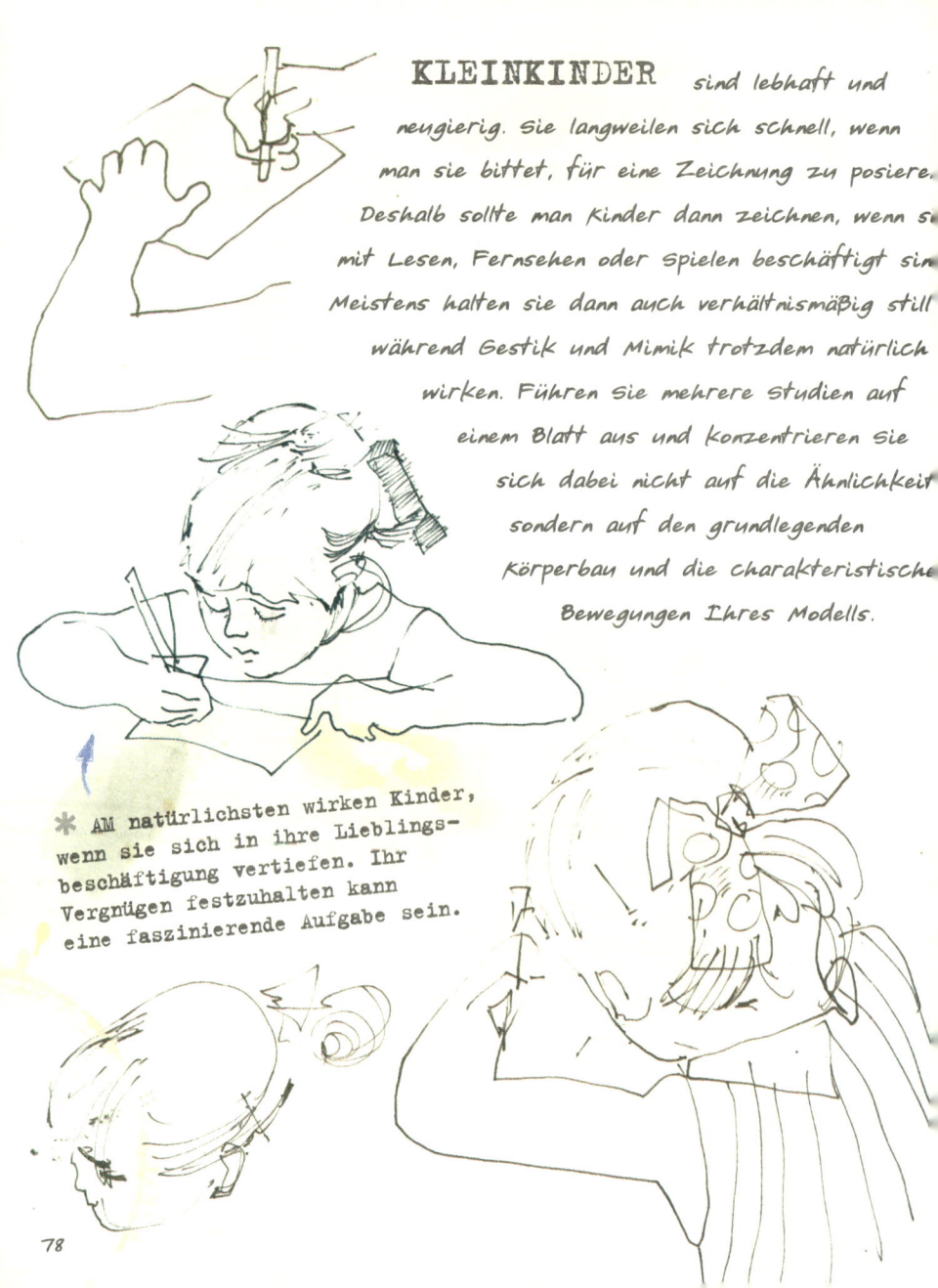

KLEINKINDER sind lebhaft und neugierig. Sie langweilen sich schnell, wenn man sie bittet, für eine Zeichnung zu posieren. Deshalb sollte man Kinder dann zeichnen, wenn sie mit Lesen, Fernsehen oder Spielen beschäftigt sind. Meistens halten sie dann auch verhältnismäßig still während Gestik und Mimik trotzdem natürlich wirken. Führen Sie mehrere Studien auf einem Blatt aus und konzentrieren Sie sich dabei nicht auf die Ähnlichkeit sondern auf den grundlegenden Körperbau und die charakteristischen Bewegungen Ihres Modells.

* AM natürlichsten wirken Kinder, wenn sie sich in ihre Lieblingsbeschäftigung vertiefen. Ihr Vergnügen festzuhalten kann eine faszinierende Aufgabe sein.

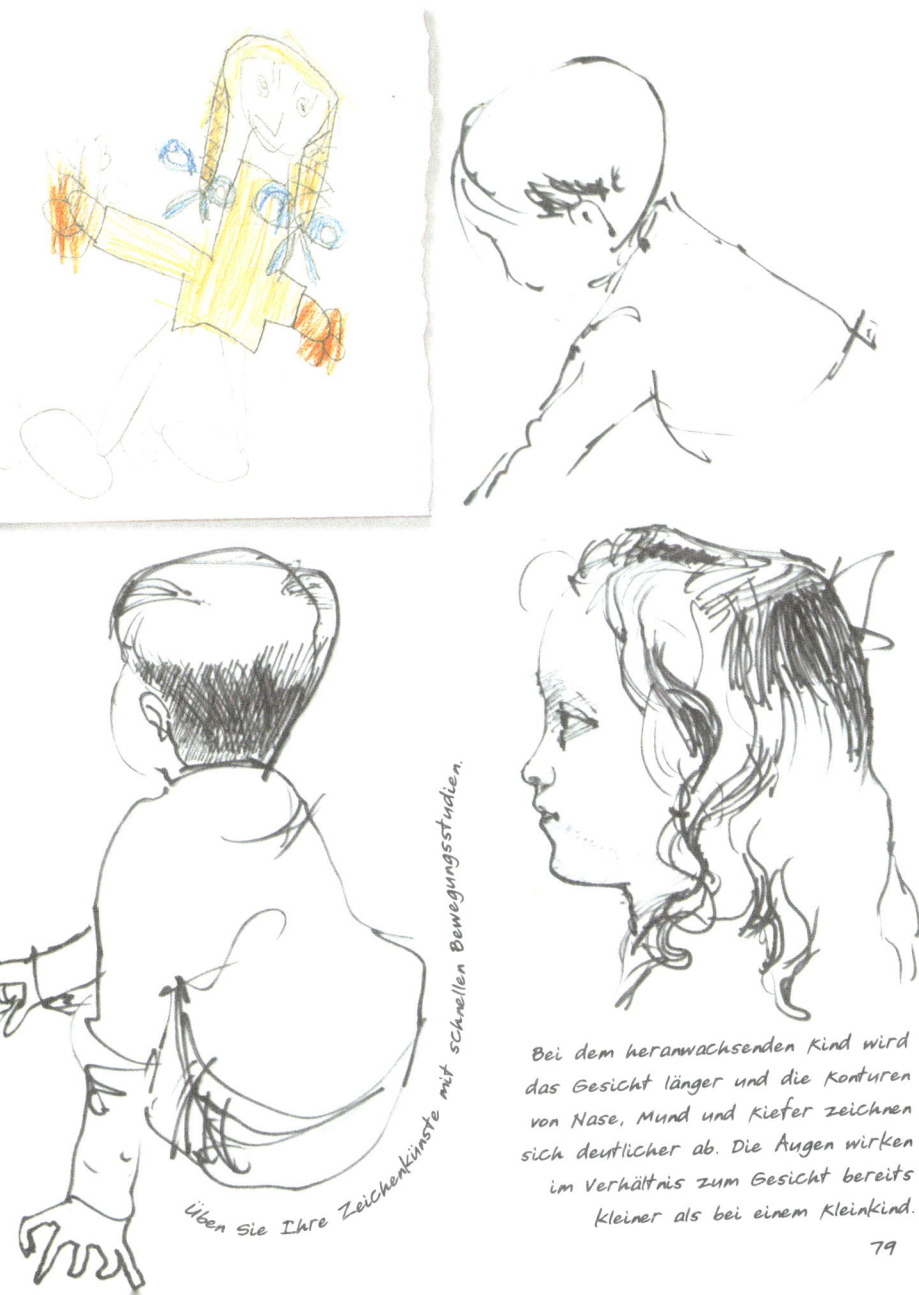

Üben Sie Ihre Zeichenkünste mit schnellen Bewegungsstudien.

Bei dem heranwachsenden Kind wird das Gesicht länger und die Konturen von Nase, Mund und Kiefer zeichnen sich deutlicher ab. Die Augen wirken im Verhältnis zum Gesicht bereits kleiner als bei einem Kleinkind.

BABYS ZEICHNEN Gibt es bei Ihnen in der Familie ein Baby oder ein Kleinkind, sollten Sie Ihr Zeichenmaterial immer in Griffnähe haben. Babys sind überraschend schwierig zu porträtieren, denn Körperbau und Gesichtszüge sind weicher und ungeformter als bei einem Erwachsenen. Nach sorgfältigem, genauem Beobachten wird es Ihnen aber gelingen!
Ein Säugling hat einen sehr großen Kopf im Verhältnis zu seinem restlichen Körper. Die Backen sind groß und rund und der Nacken ist wenig ausgeprägt. Sehen Sie auch, wie klein Nase, Mund und Ohren im Verhältnis zum Kopf wirken?

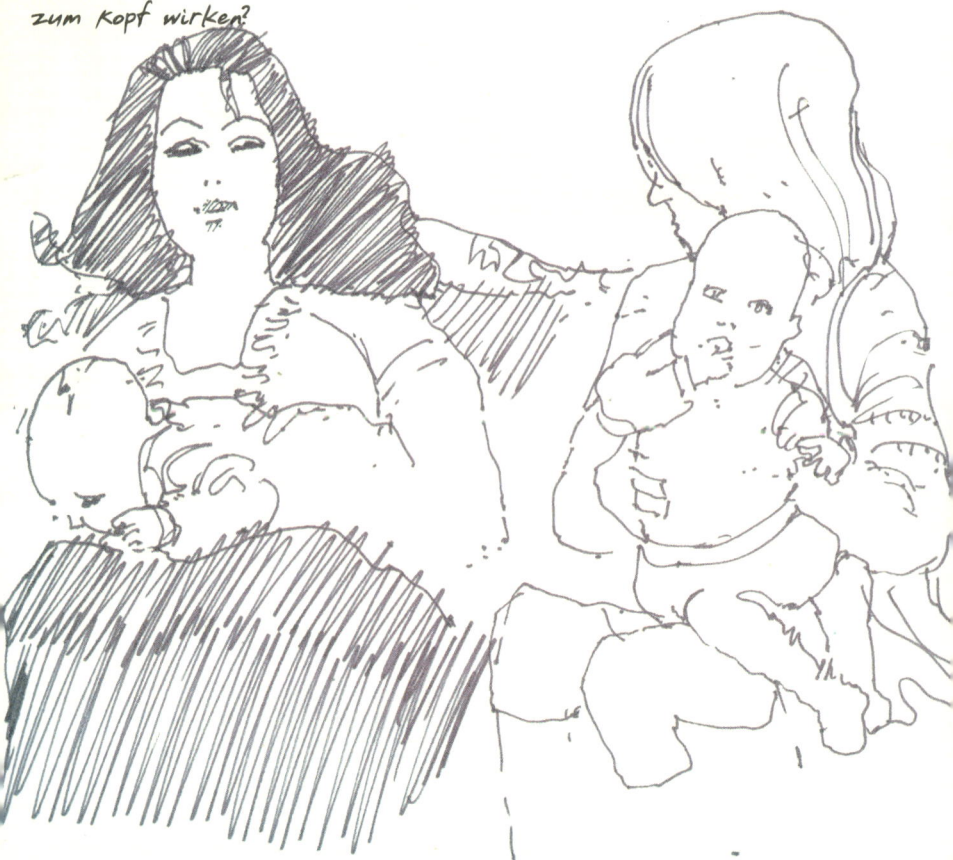

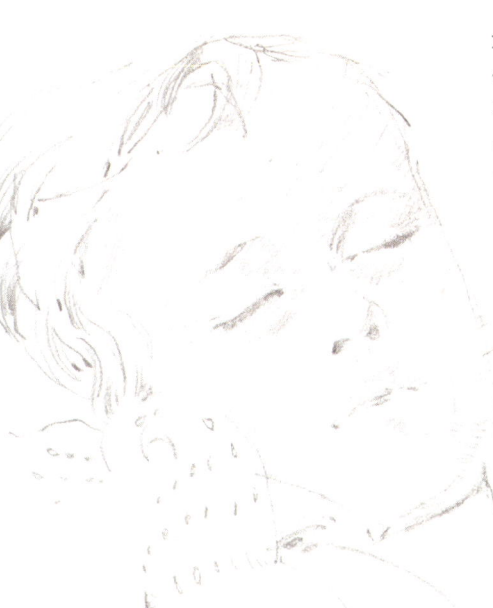

Zeichnen sie zuerst schlafende Säuglinge, bevor Sie sich an einen Zappelphilipp heranwagen! Mit einem harten H-Bleistift lassen sich das feine Haar und die weichen, zarten Züge gut andeuten. Lassen Sie weiße Flächen auf dem Papier und vermeiden sie harte Konturen und zu viele Details.

„Prinzessin Elizabeth und Prinzessin Anne" (1637) ANTHONIS VAN DYCK (1599-1641)

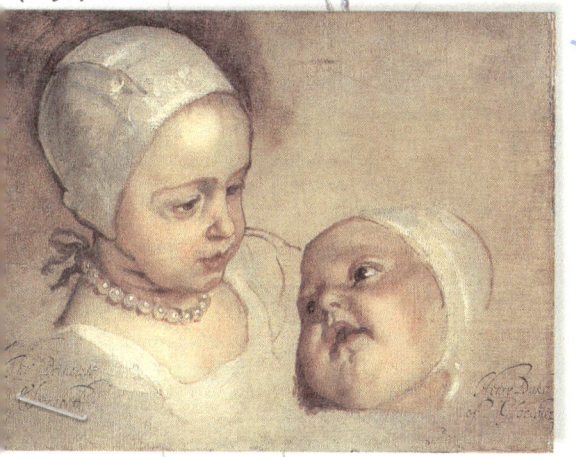

✳ BEI Babys und Kleinkindern sind Schädel und Stirn proportional stärker ausgeprägt als bei einem Erwachsenen. Die Gesichtszüge liegen näher beieinander. Nase, Mund und Kinn sind klein und weich, die Augen groß und rund.

GRÖSSERE KINDER zu

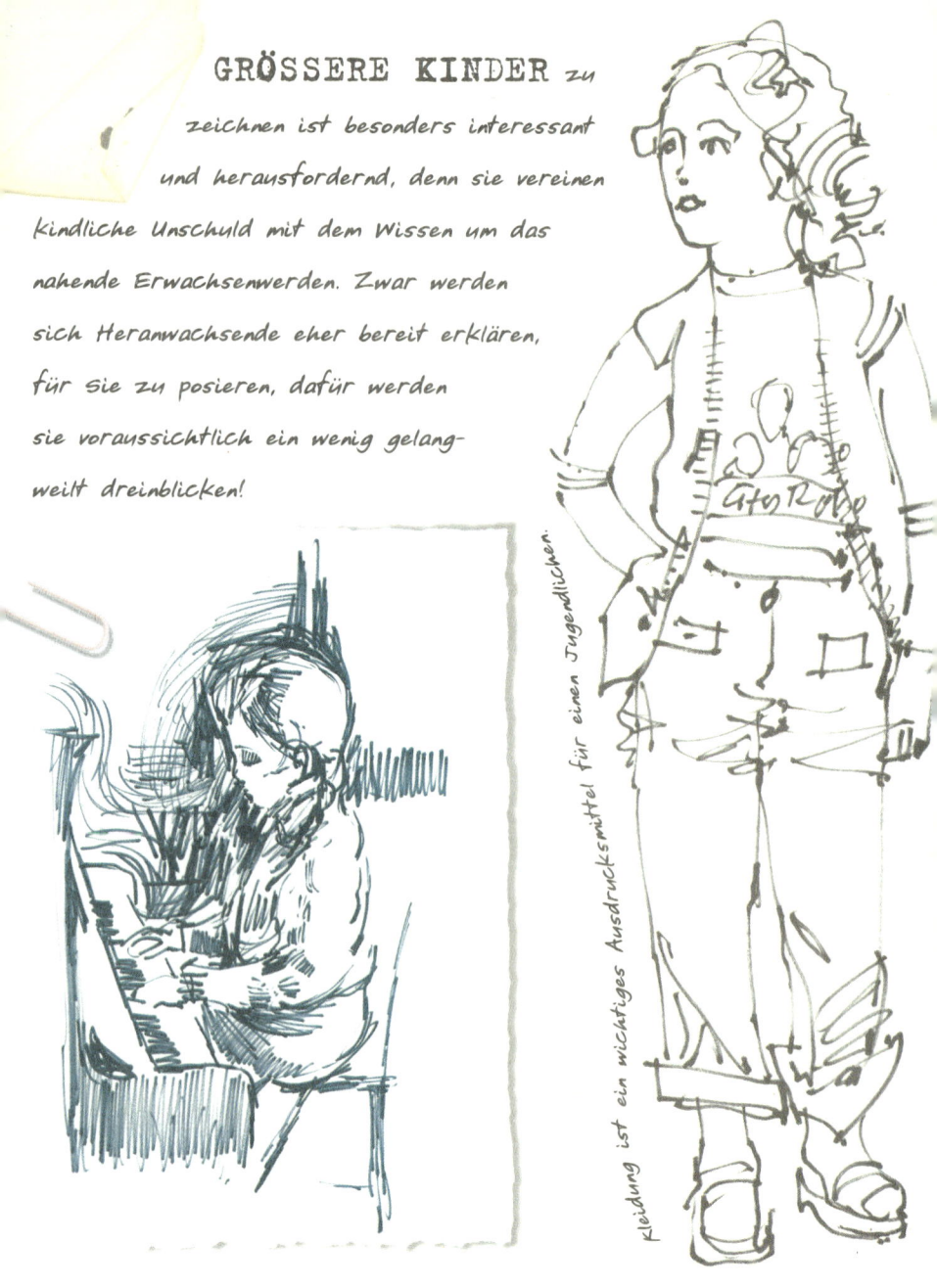

zeichnen ist besonders interessant und herausfordernd, denn sie vereinen kindliche Unschuld mit dem Wissen um das nahende Erwachsenwerden. Zwar werden sich Heranwachsende eher bereit erklären, für sie zu posieren, dafür werden sie voraussichtlich ein wenig gelangweilt dreinblicken!

Kleidung ist ein wichtiges Ausdrucksmittel für einen Jugendlichen.

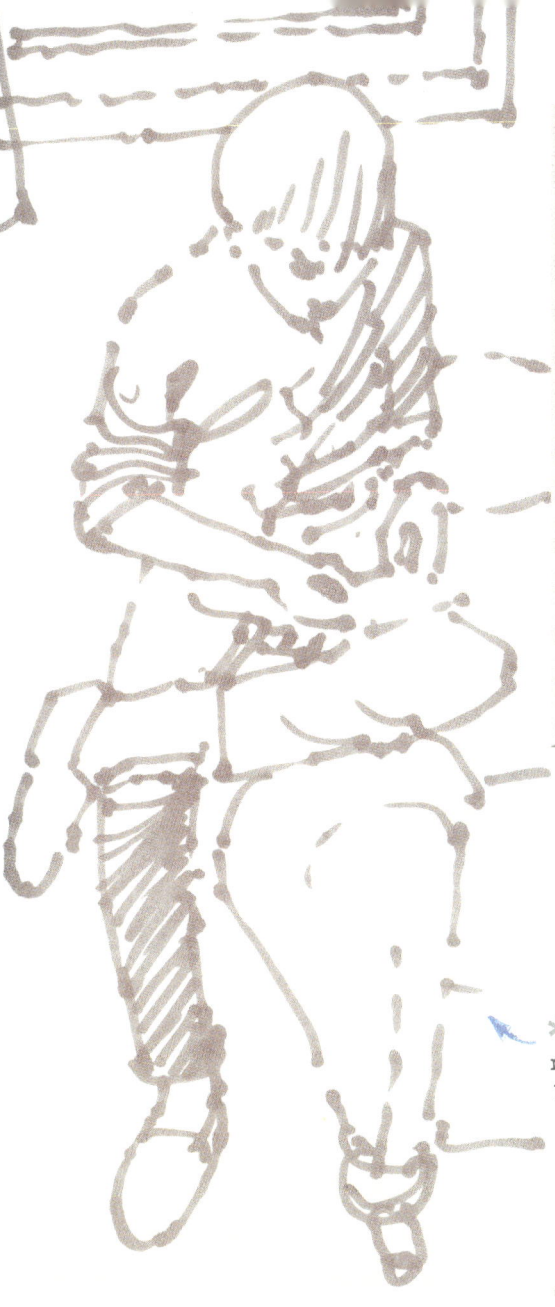

PROPORTIONEN

Wenn das Kind wächst, ändern sich seine Proportionen rasch. Der Körper eines Babys ist etwa viermal so lang wie sein Kopf und die Beine sind kurz. Je nach Alter ist der Körper eines Kindes zwischen fünf- und sechsmal so lang wie sein Kopf. Natürlich ist dies nur eine grobe Faustregel, denn jedes Kind wächst anders. Setzen Sie deshalb Ihren Bleistift als Maßstab ein, um die Proportionen zu messen.

✳ LEBHAFTE Zeichen-
mittel wie Kohle oder
Filzstift drücken gut
die eckigen Körper-
formen und unbeholfenen
Bewegungen und Haltungen
eines Jugendlichen aus.

„Ein Waldrand"
(1825)
SAMUEL PALMER
(1805-1881)

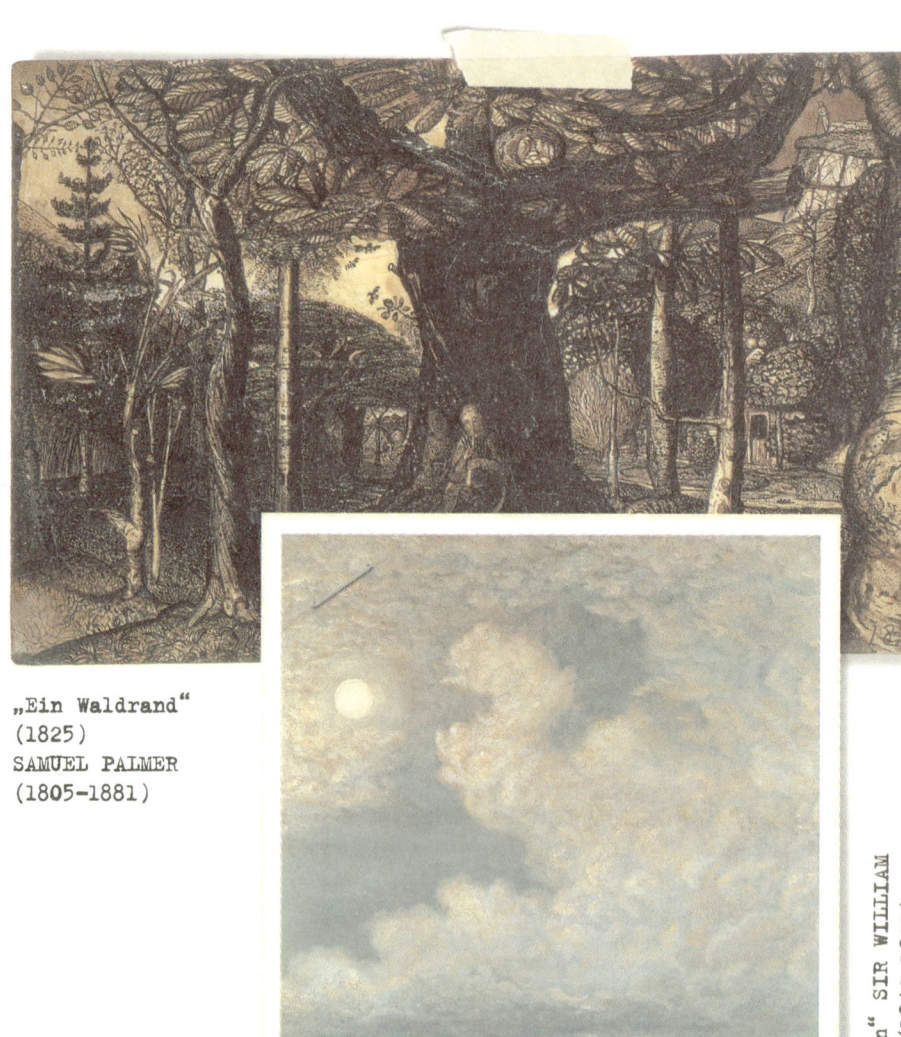

„Meer und Wolken" SIR WILLIAM
BLAKE RICHMOND (1842-1921)

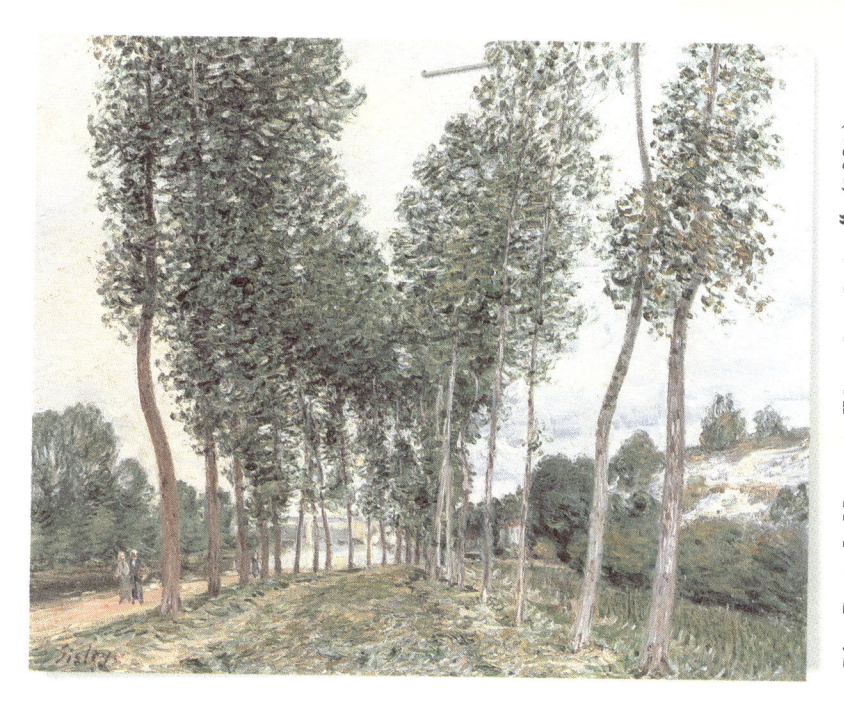

„Die Pappelallee am Ufer der Loing" (1892)
ALFRED SISLEY (1839–1899)

LANDSCHAFTEN ZEICHNEN

Die meisten Leute denken bei Landschaften an weite Panoramen und malerische Ausblicke. Doch das Thema bietet viel mehr: zum Beispiel die Detailstudie eines knorrigen Baumstammes oder eine Ansicht aus Ihrem eigenen Garten. Dazu kommen noch die endlos vielen Lichtstimmungen und Wetterbedingungen, die eine Szene immer wieder anders wirken lassen – genug Motive für ein ganzes Leben.

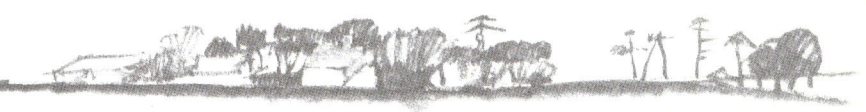

IM GARTEN liegt Ihre eigene „Landschaft" direkt vor der Tür! Dort finden Sie zu allen Jahreszeiten zahlreiche Motive: von Einzelstudien über „Stillleben" aus Töpfen und Gießkannen bis hin zu differenzierten Kompositionen mit Bäumen, Gebäuden und Figuren. Und noch ein Vorteil beim Arbeiten im eigenen Garten: Niemand wird zwischendurch Ihre Zeichnung sehen wollen. So bauen Sie allmählich Selbstvertrauen auf, bevor Sie sich an Motive in der Umgebung wagen. Erforschen Sie Ihren Garten mit dem Papprahmen in der Hand – das Vertraute bietet auf einmal neue aufregende Möglichkeiten!

* UM Pflanzen und Blumen zu zeichnen, arbeitet man am besten in einem weichen Medium, wie Pastell oder Aquarell.

Gestalten Sie verschiedene Strukturen nur mit Linien. Deuten sie Blüten, Blätter und Gras mit

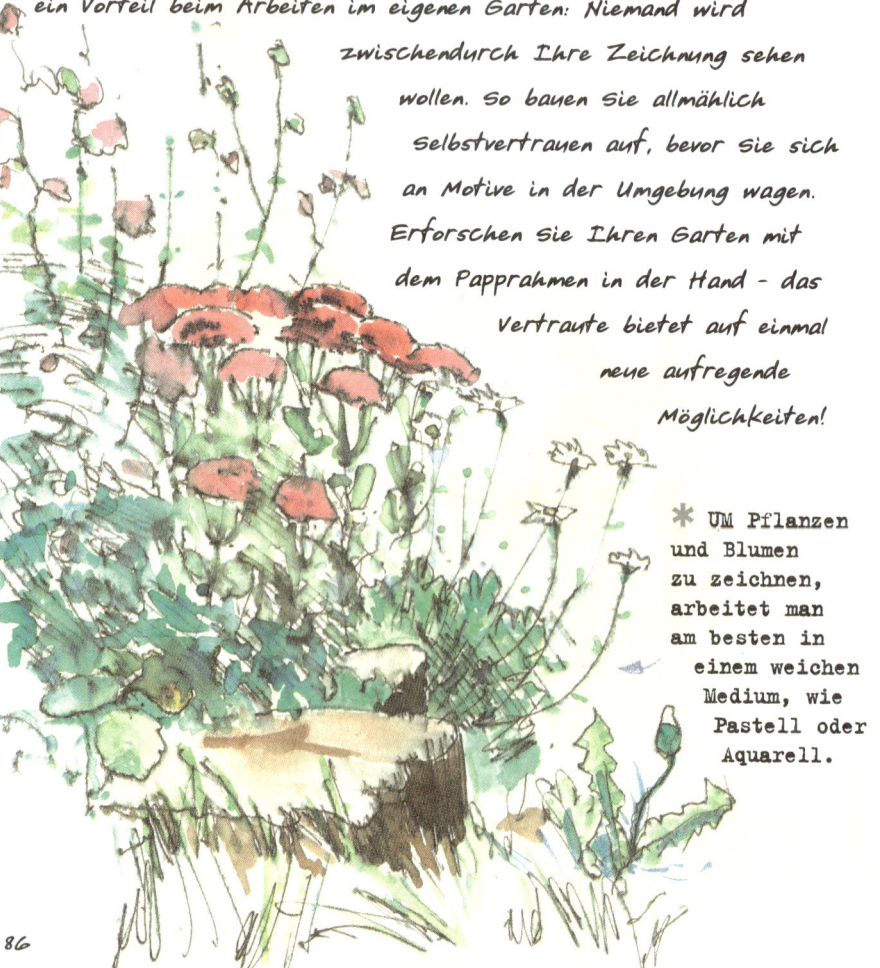

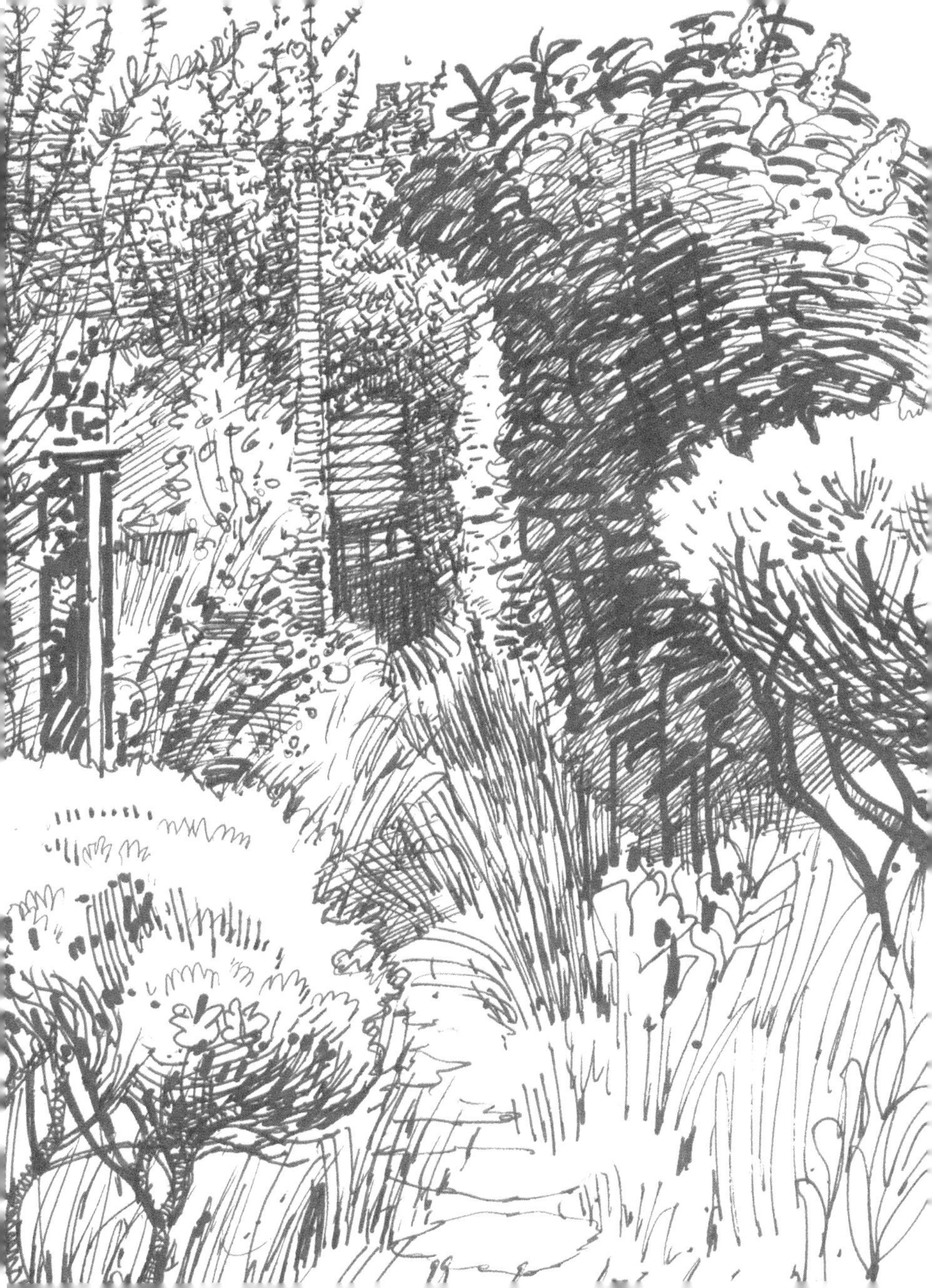

IM FREIEN ZEICHNEN ist schwieriger, als man glaubt. Man muss sich mit wechselnden Lichtstimmungen und Wetterbedingungen auseinander setzen – und mit Insekten oder neugierigen Zuschauern. Trotzdem: Die wärmende Sonne und das duftende Gras beleben alle Sinne und das wird sich auch in Ihrer Zeichnung niederschlagen. Suchen Sie nicht den „idealen" Standort. Vertrauen Sie Ihrem Instinkt: Fällt Ihnen etwas ins Auge, skizzieren Sie auf der Stelle Ihren ersten Eindruck. Für das Arbeiten im Freien eignet sich möglichst einfaches und praktisches Zeichenzubehör, zum Beispiel ein Skizzenbuch mit hartem Einband. Klammern und Klebstreifen sorgen dafür, dass die Buchseiten bei Wind nicht flattern. Bei einem Drehbleistift benötigen Sie keinen Spitzer.

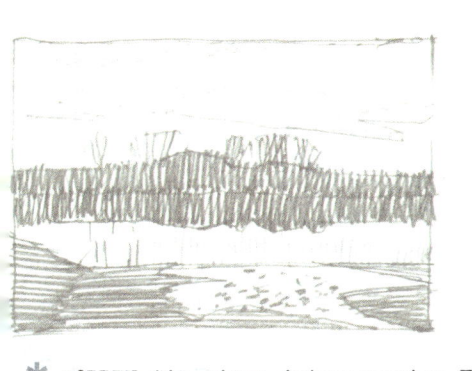

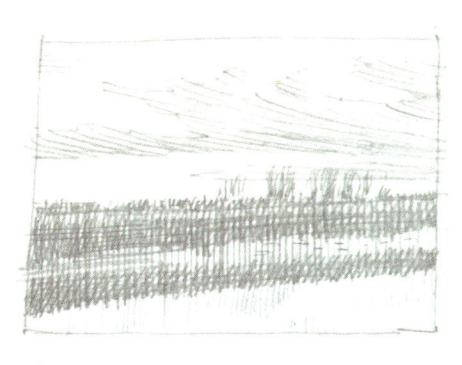

✽ WOLLEN Sie einen interessanten Himmel betonen, setzen Sie die Horizontlinie sehr niedrig. Sind Ihnen Landschaftsdetails wichtig, sollte der Horizont hoch liegen.

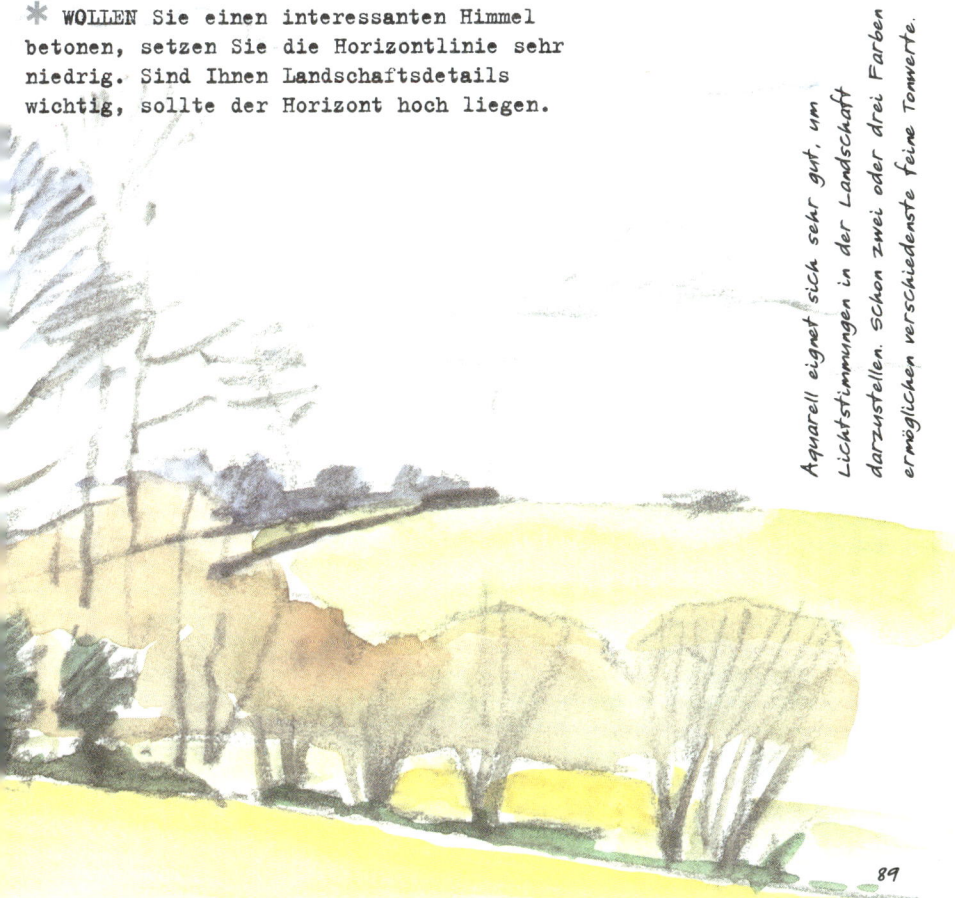

Aquarell eignet sich sehr gut, um Lichtstimmungen in der Landschaft darzustellen. Schon zwei oder drei Farben ermöglichen verschiedenste feine Tonwerte.

EINE KOMPOSITION ERSTELLEN

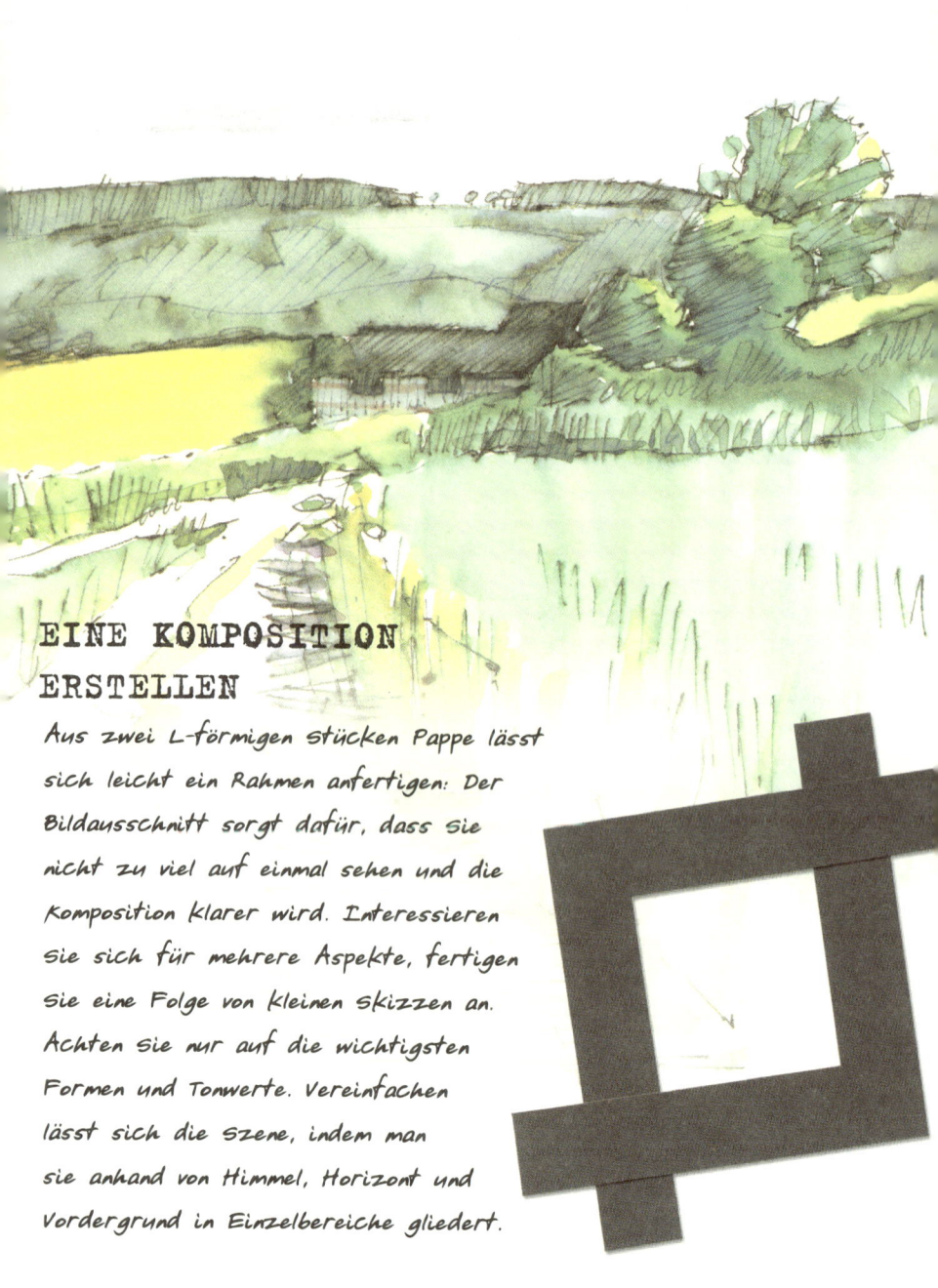

Aus zwei L-förmigen Stücken Pappe lässt sich leicht ein Rahmen anfertigen: Der Bildausschnitt sorgt dafür, dass sie nicht zu viel auf einmal sehen und die Komposition klarer wird. Interessieren sie sich für mehrere Aspekte, fertigen sie eine Folge von kleinen Skizzen an. Achten sie nur auf die wichtigsten Formen und Tonwerte. Vereinfachen lässt sich die Szene, indem man sie anhand von Himmel, Horizont und Vordergrund in Einzelbereiche gliedert.

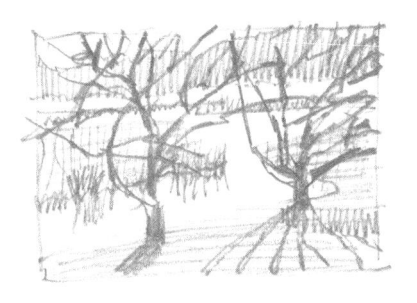

Rasche Skizzen zeigen, wie die Komposition auf Papier wirkt. Sie werden überrascht sein, wie stark sich ein kleiner Wechsel im Standort auf die Stimmung der Zeichnung auswirken kann.

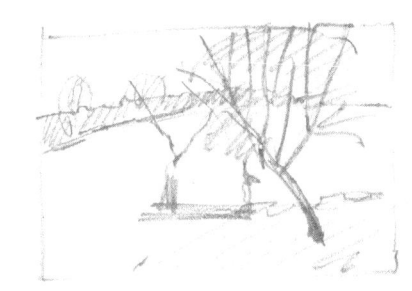

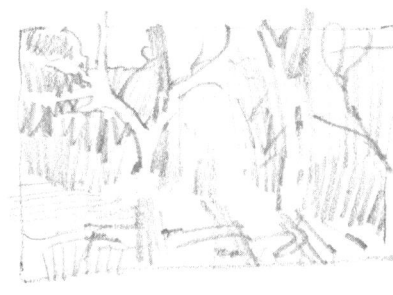

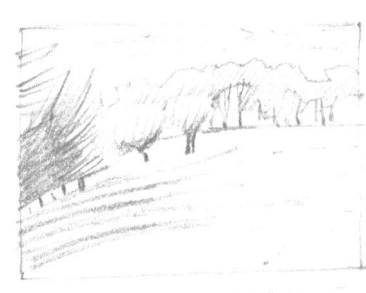

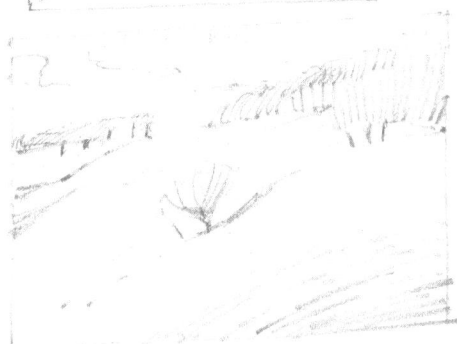

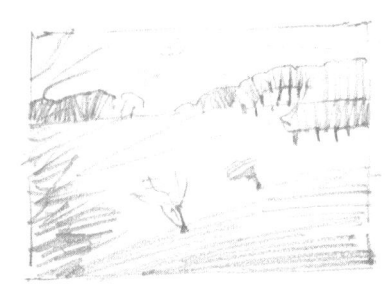

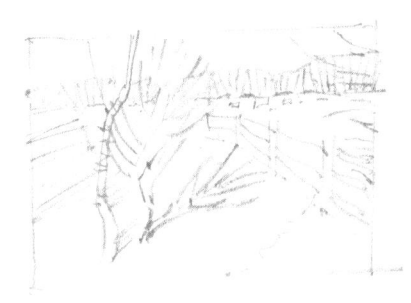

Der Bleistift ist ideal für Miniaturzeichnungen. Mit ihm kann man rasch Landschaftsformen, Wolken und Schatten skizzieren.

Dramatische Themen finden sich

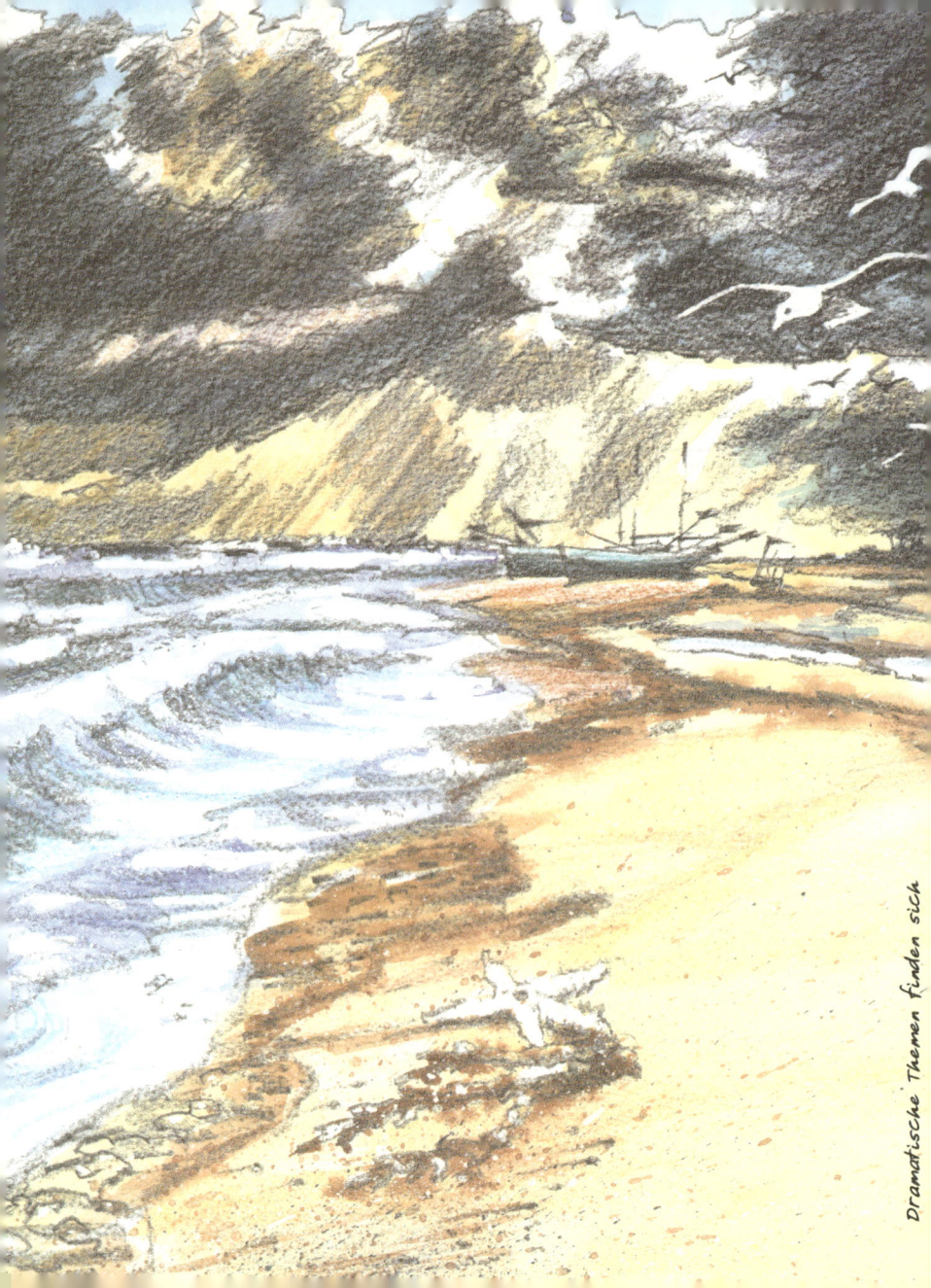

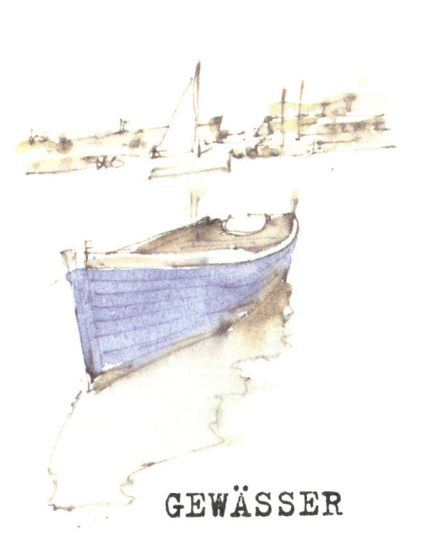

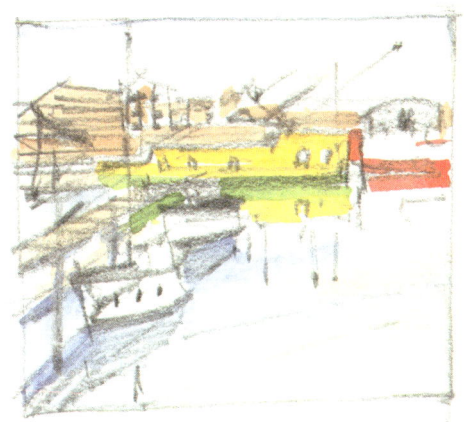

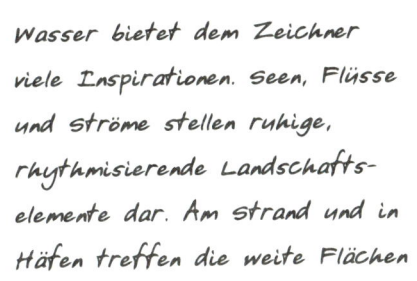

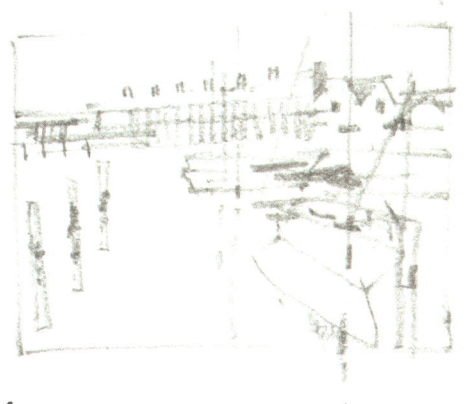

GEWÄSSER

Wasser bietet dem Zeichner viele Inspirationen. Seen, Flüsse und Ströme stellen ruhige, rhythmisierende Landschaftselemente dar. Am Strand und in Häfen treffen die weite Flächen von Himmel und Wasser auf das Ufer und dessen quirliges Leben. Feuchte Straßen und Bürgersteige reflektieren die hellen Lichter der Stadt. Ebenso wie der Himmel ist Wasser stets in Bewegung. Konzentrieren Sie sich auf die wichtigsten Wellen, Bewegungen und Reflexe und bringen sie sie schnell zu Papier. Pastell, Feder und Tusche sowie Kohle eignen sich gut für diesen raschen Zeichenstil.

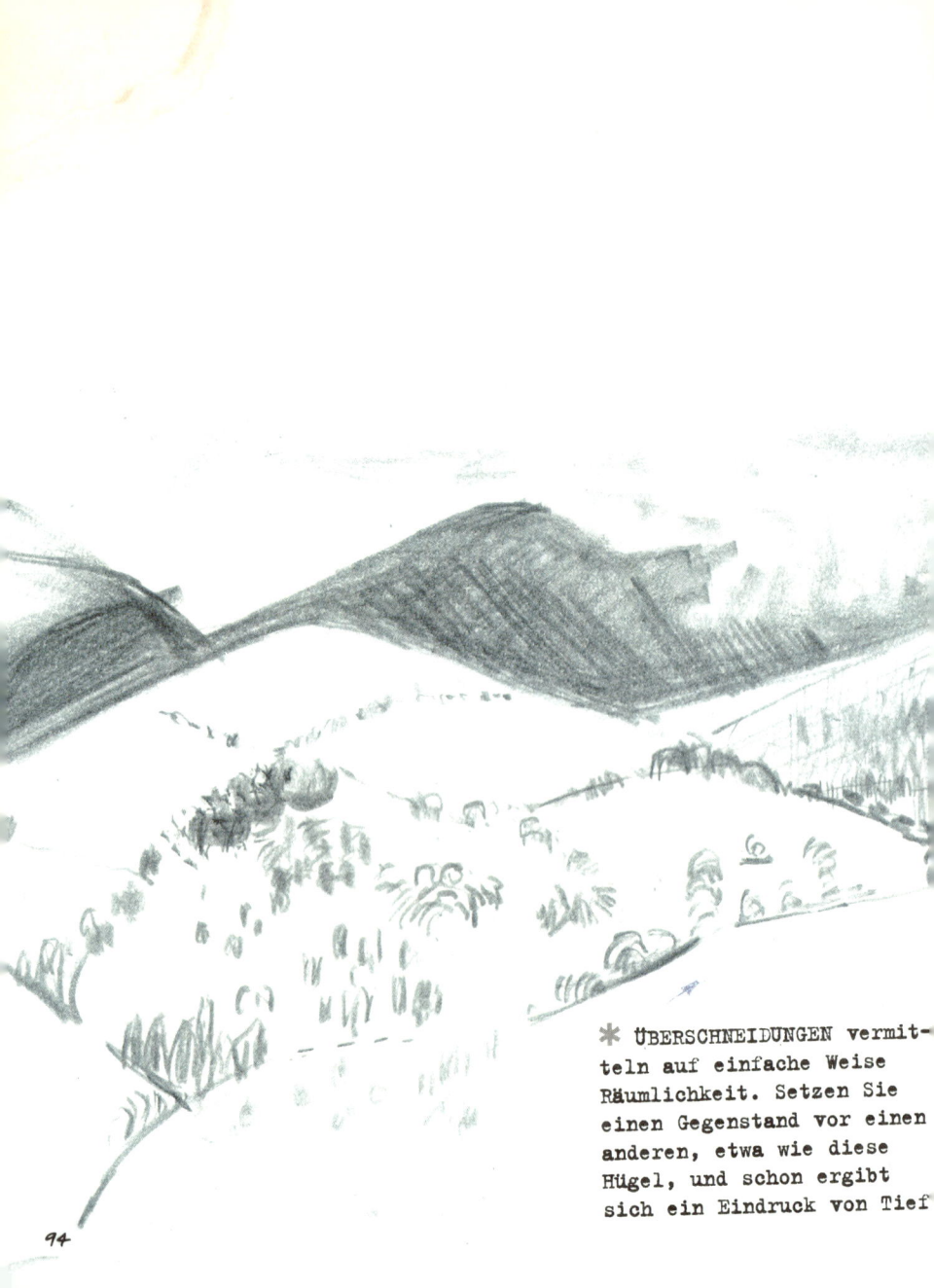

* ÜBERSCHNEIDUNGEN vermitteln auf einfache Weise Räumlichkeit. Setzen Sie einen Gegenstand vor einen anderen, etwa wie diese Hügel, und schon ergibt sich ein Eindruck von Tief

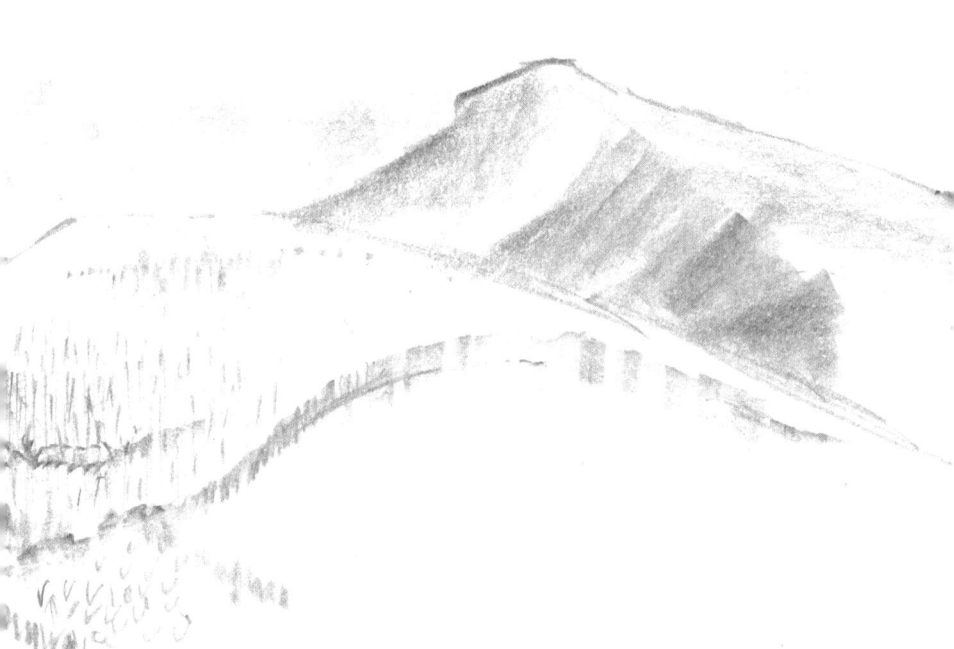

LUFTPERSPEKTIVE Je weiter entfernt die Gegenstände, desto weicher lässt die dazwischen liegende Atmosphäre deren Ränder wirken und mildert die Kontraste. Durch diese „Luftperspektive" lassen sich Panoramen von Feldern, Hügeln und Bäumen auf ein kleines Stück Papier bannen. Betrachten Sie die Tonwerte, Farben und Details im Vordergrund. Sehen Sie, wie sie zum Horizont hin verschwimmen und sich schließlich in einem Dunstschleier auflösen?

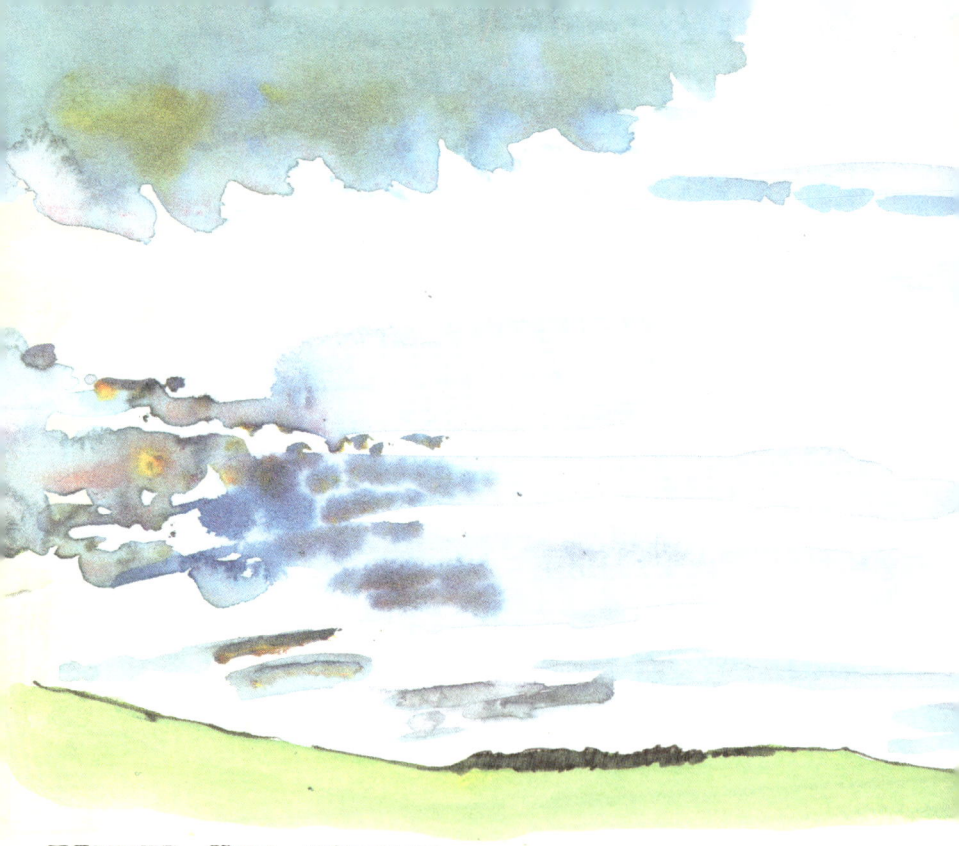

HIMMEL UND WOLKEN Halten Sie es wie Constable und Turner: Reservieren Sie ein ganzes Skizzenbuch nur für Zeichnungen von Himmel un Wolkentypen. Wolkenstudien können etwas Faszinierendes sein und bieten sic als Bildmaterial für Gemälde an. Der Himmel ändert sich oft rasch. Desha sollten Sie ein kräftiges Zeichenmittel wählen: Mit Kohle, Kreide und Paste lassen sich schnell schöne Effekte festhalten, besonders auf getöntem Papier. Um ziehende Wolkenberge darzustellen, verwischt man die Linien. Fi sturmwolken bieten sich feste, kräftige Striche an. Die durchscheinenden Aquarellfarben eignen sich gut für weiche Wolken und bedeckten Himmel.

Auch für den Himmel gelten die Gesetze der Perspektive. Je weiter entfernt die Wolken, desto kleiner, flacher und undeutlicher werden sie. Nahe Wolken verdecken entfernte Wolken teilweise.

✳ HALTEN Sie Ihre Zeichnung möglichst einfach. Nur die Grundformen und Hauptkontraste zählen. Freie Stellen vermitteln Raum und Luft.

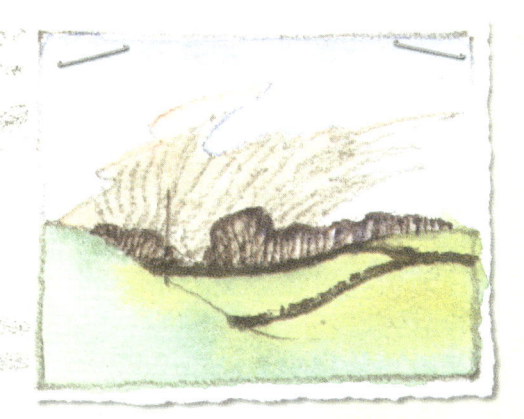

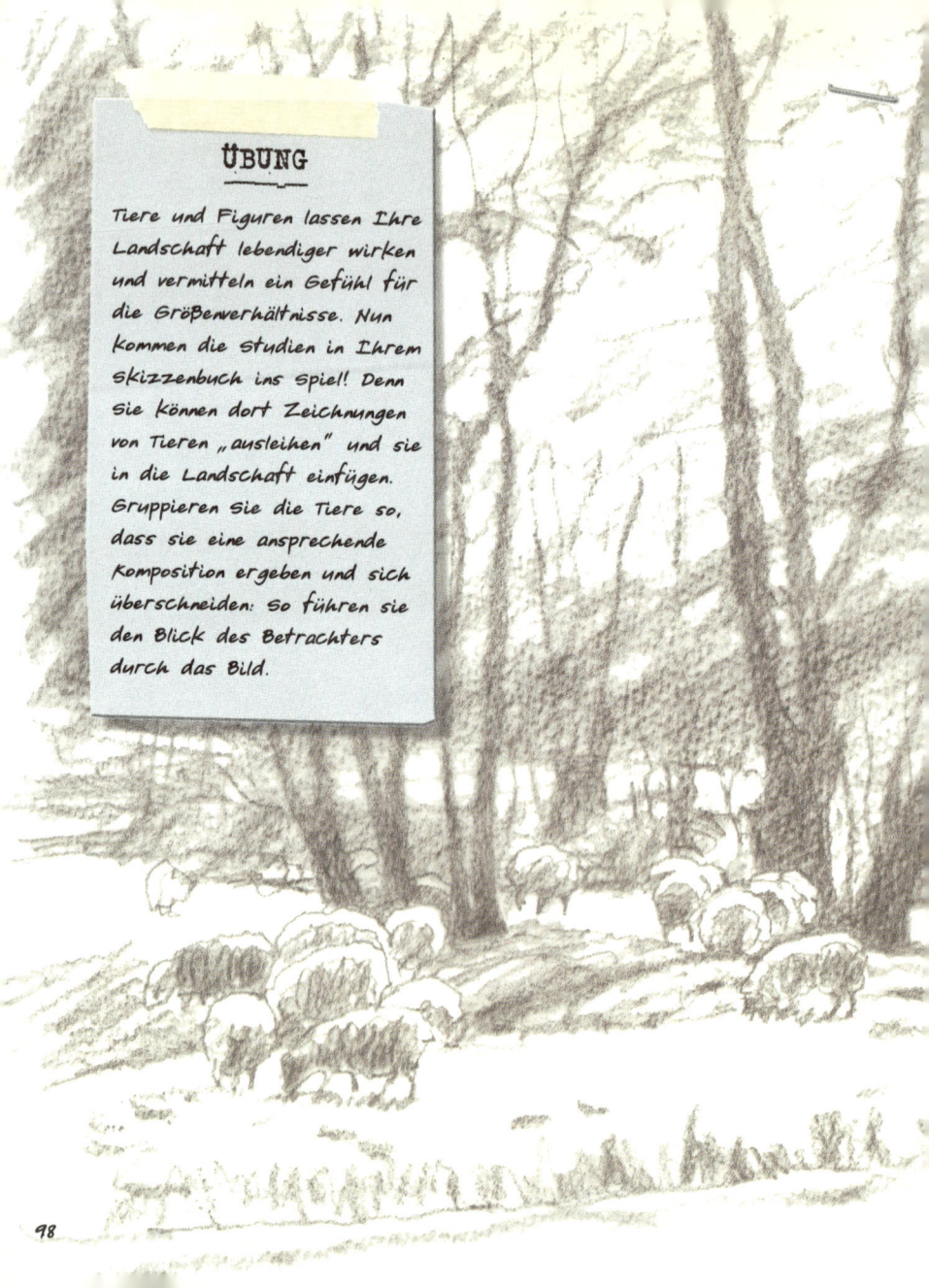

ÜBUNG

Tiere und Figuren lassen Ihre Landschaft lebendiger wirken und vermitteln ein Gefühl für die Größenverhältnisse. Nun kommen die Studien in Ihrem Skizzenbuch ins Spiel! Denn Sie können dort Zeichnungen von Tieren „ausleihen" und sie in die Landschaft einfügen. Gruppieren Sie die Tiere so, dass sie eine ansprechende Komposition ergeben und sich überschneiden: So führen sie den Blick des Betrachters durch das Bild.

99

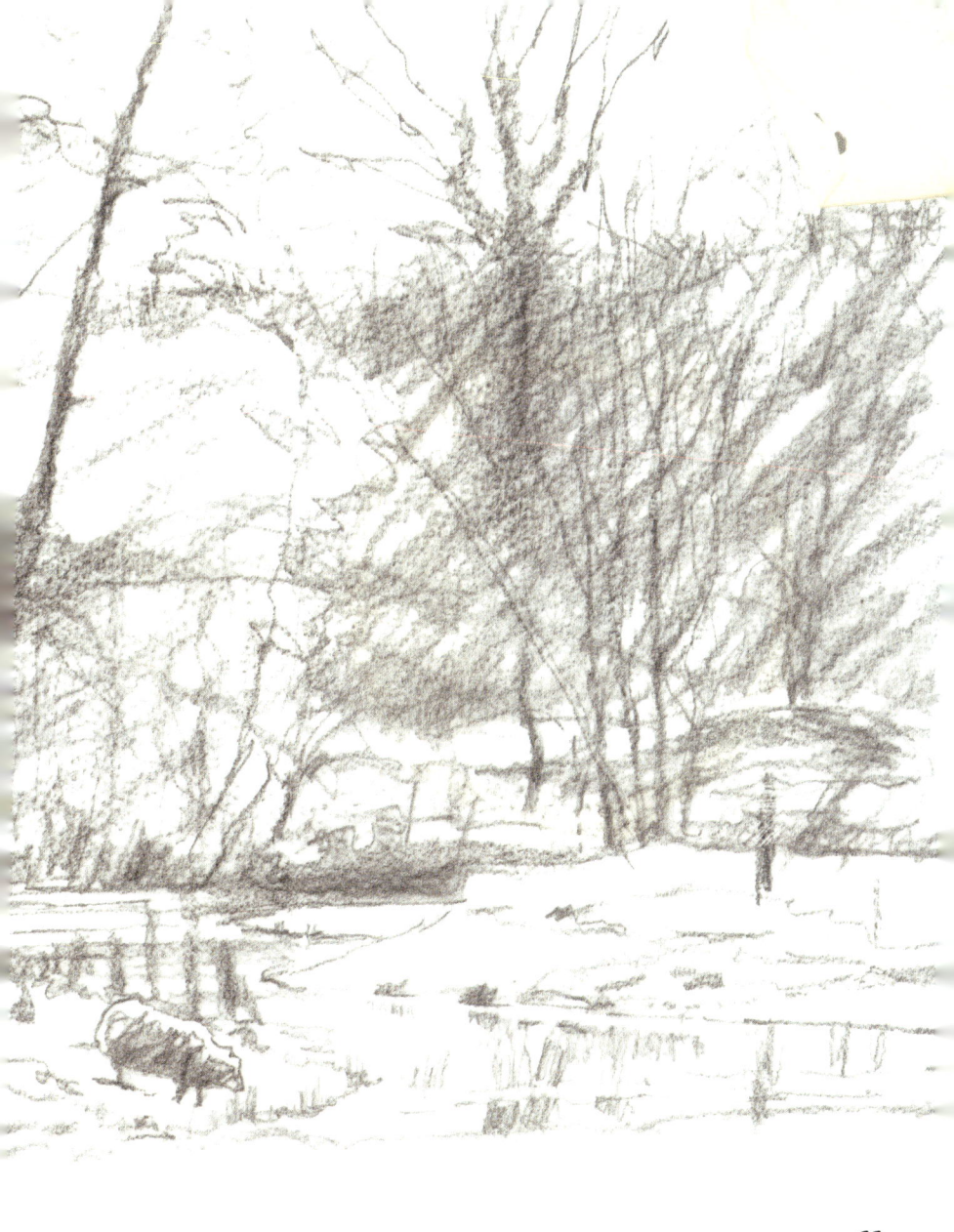

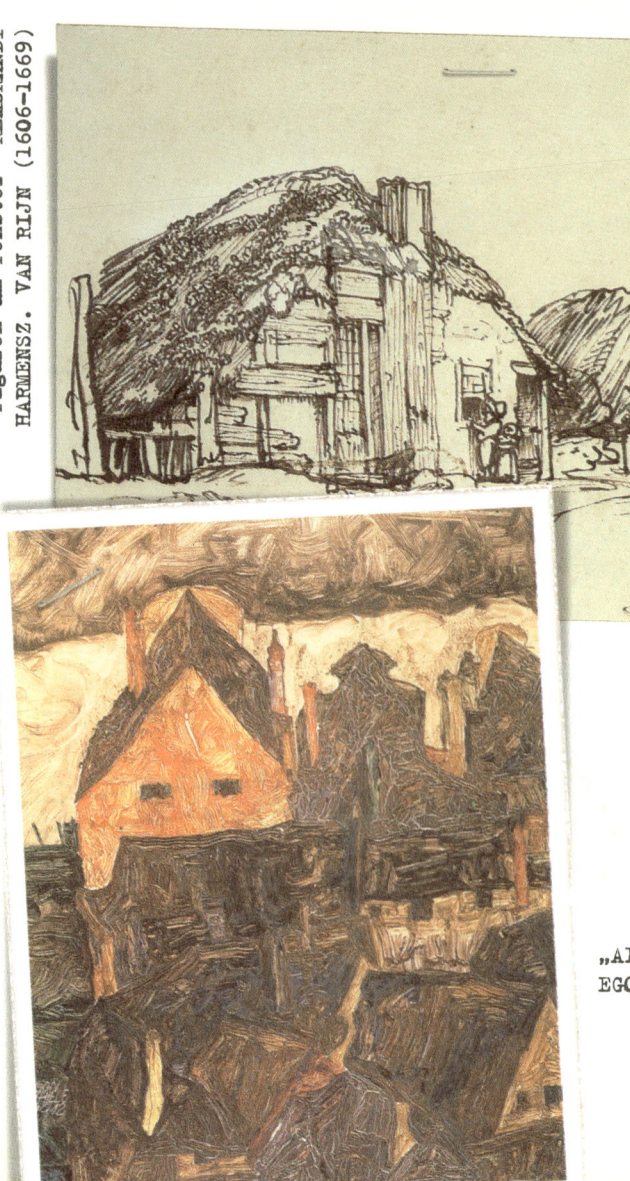

„Zwei strohgedeckte Häuser mit Figuren am Fenster" REMBRANDT HARMENSZ. VAN RIJN (1606-1669)

„Alte Stadt I" (1912) EGON SCHIELE (1890-191

100

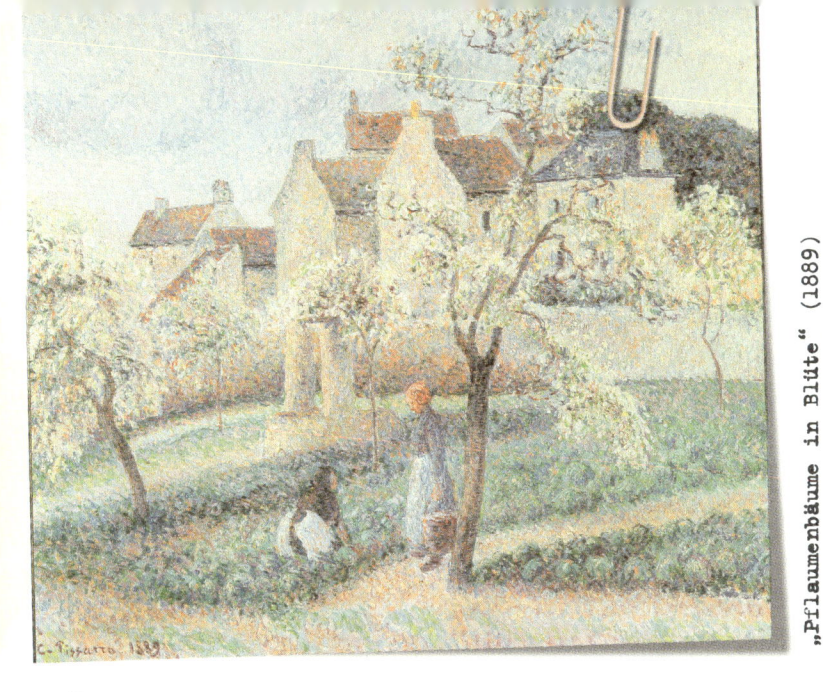

„Pflaumenbäume in Blüte" (1889)
CAMILLE PISSARO (1830–1903)

GEBÄUDE ZEICHNEN

Straßen und Gebäude bieten sich praktisch überall für den Zeichner als Motiv an. Sie sind eine ideale Gelegenheit, um Beobachten und perspektivisches Zeichnen zu üben. In einer Stadtlandschaft gibt es vieles zu entdecken, vom kleinen Detail am Einzelgebäude bis hin zum quirligen Straßenleben. Die komplizierte Anordnung von Mauern und Dächern sowie die verschiedenen Farben und Oberflächen der Gebäude bieten Ihnen die Möglichkeit, sie auf Ihre ganz persönliche Weise zu interpretieren.

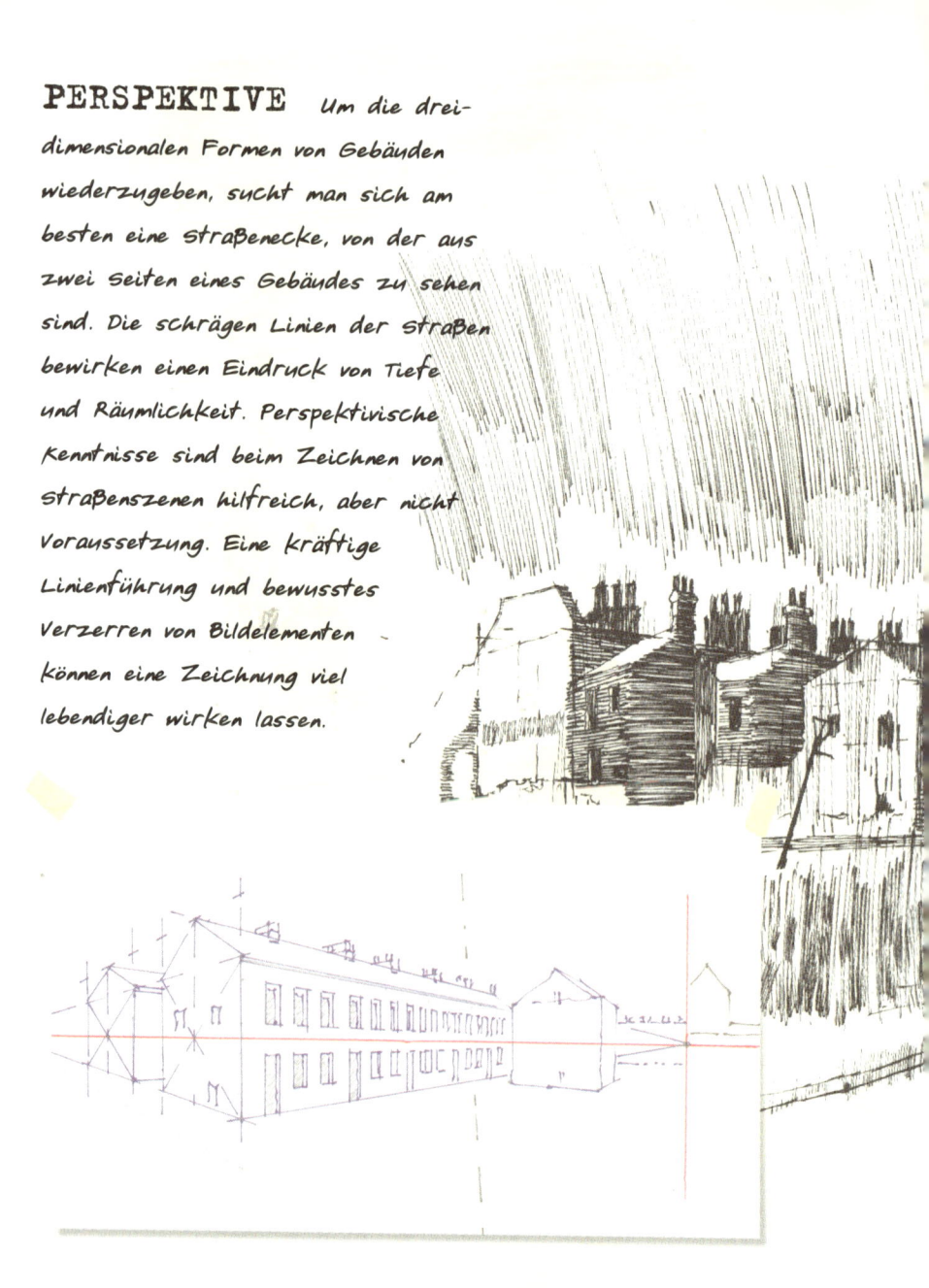

PERSPEKTIVE

Um die dreidimensionalen Formen von Gebäuden wiederzugeben, sucht man sich am besten eine Straßenecke, von der aus zwei Seiten eines Gebäudes zu sehen sind. Die schrägen Linien der Straßen bewirken einen Eindruck von Tiefe und Räumlichkeit. Perspektivische Kenntnisse sind beim Zeichnen von Straßenszenen hilfreich, aber nicht Voraussetzung. Eine kräftige Linienführung und bewusstes Verzerren von Bildelementen können eine Zeichnung viel lebendiger wirken lassen.

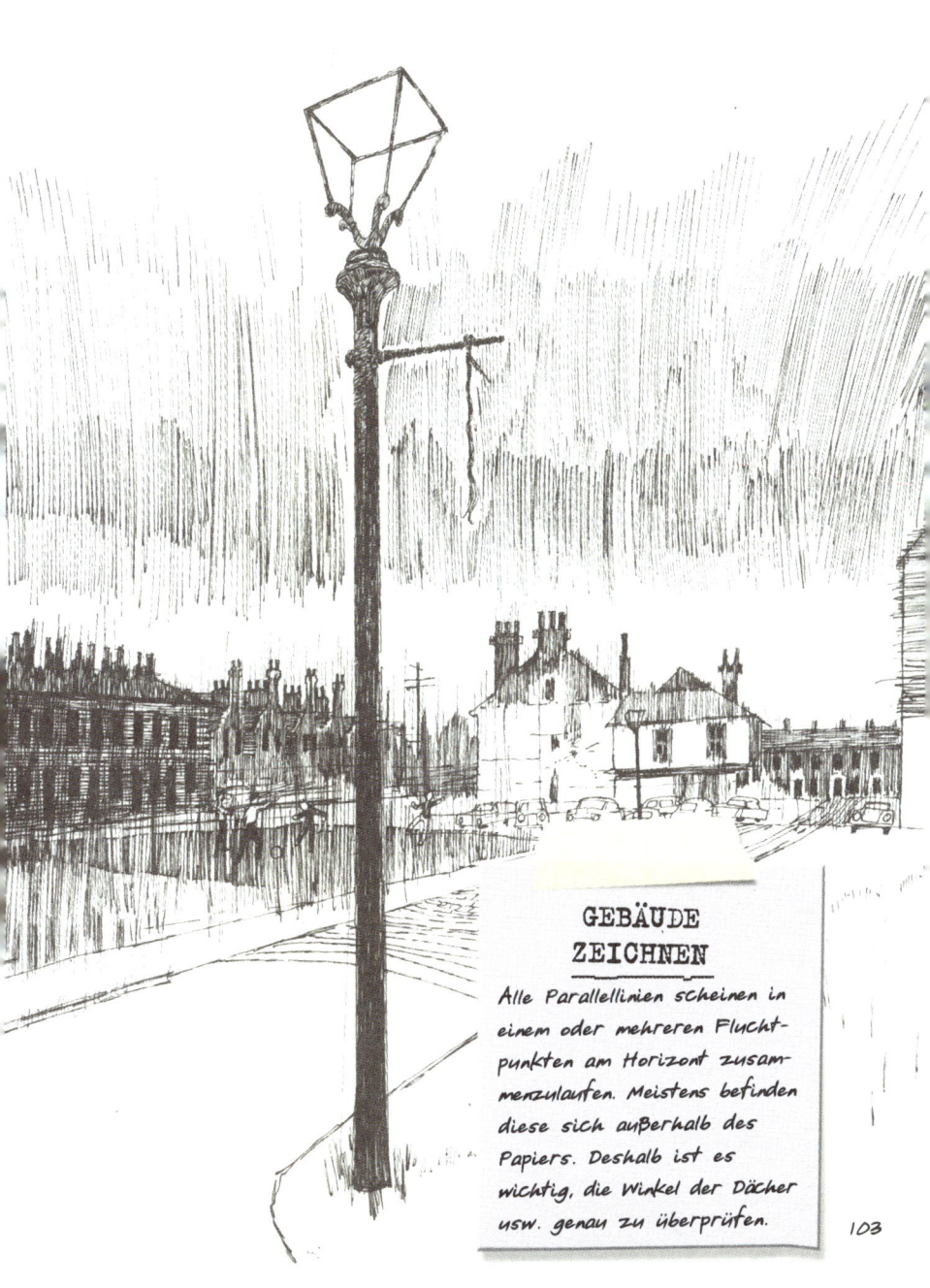

GEBÄUDE ZEICHNEN

Alle Parallellinien scheinen in einem oder mehreren Fluchtpunkten am Horizont zusammenzulaufen. Meistens befinden diese sich außerhalb des Papiers. Deshalb ist es wichtig, die Winkel der Dächer usw. genau zu überprüfen.

103

Fangen Sie den Reiz

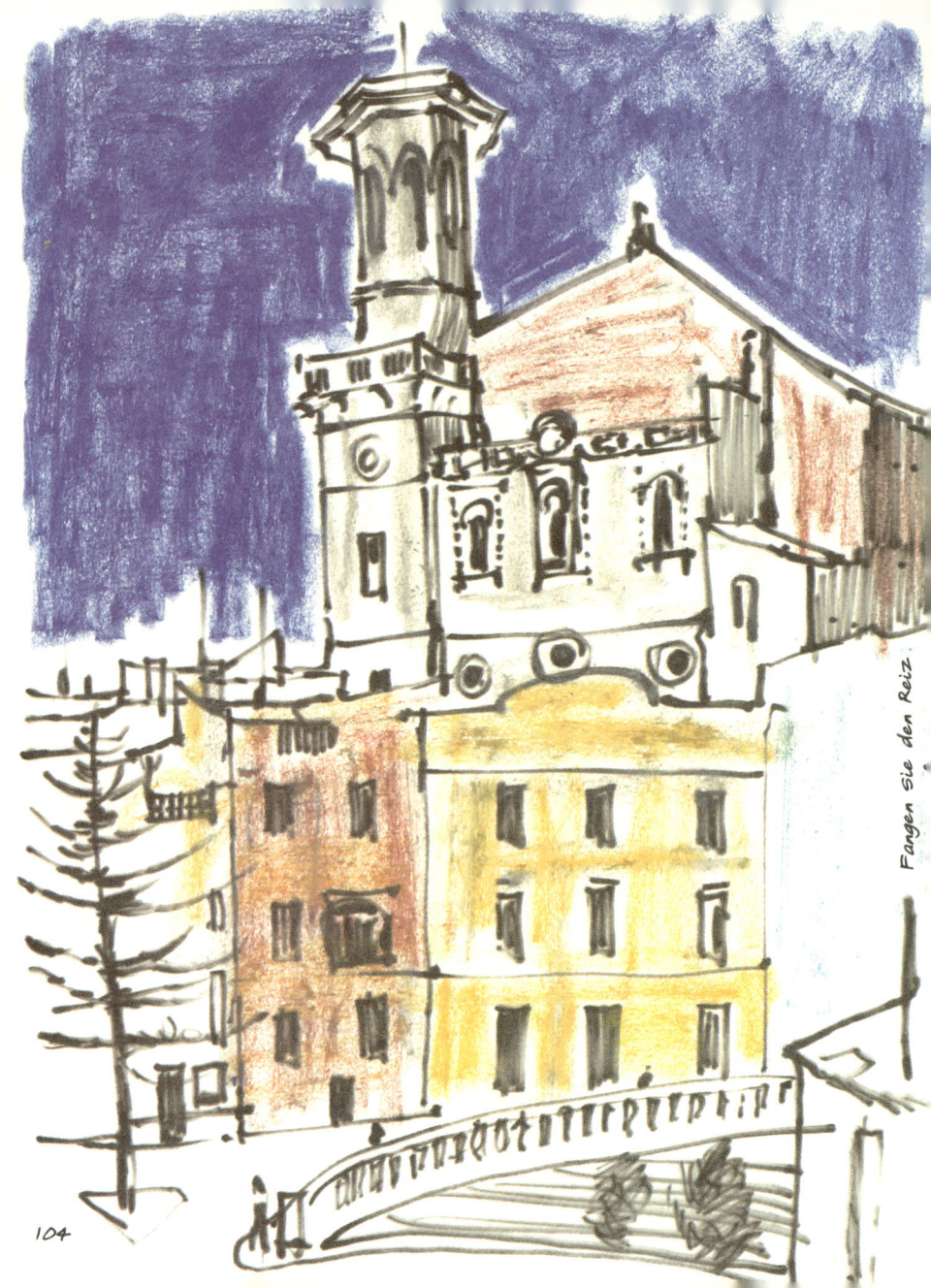

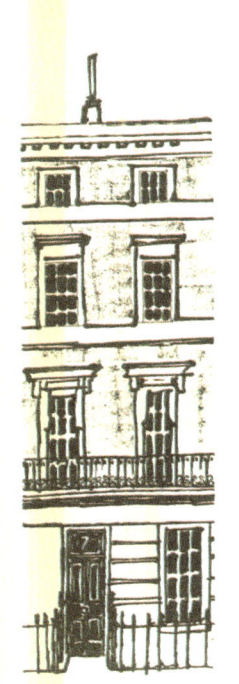

ARCHITEKTURDETAILS

Wenn sie durch eine Stadt spazieren, halten sie immer das Skizzenbuch griffbereit. Zeichnen Sie alle Details, die Ihnen auffallen und vergessen sie nicht, in die Höhe zu schauen! Denn oberhalb der Augenhöhe findet sich oft viel Interessantes. Architekturdetails wie Türöffnungen, Fenster, Bögen, Balkone und dekorative Elemente sind durchaus eine eigene Studie wert. Beim Zeichnen sollte man die Details von Anfang an in die Gebäudestruktur einordnen, nicht erst am Schluss. Man muss nicht jedes Fenster, jeden Stein oder Dachziegel wiedergeben – es reicht, wenn ein kleiner Ausschnitt für das Ganze steht. Mit etwas Erfahrung entwickeln Sie schnell eine Art Bild-Stenografie, mit der sie Gebäudedetails andeuten können. Stellen Sie sehr genau gezeichneten Bildbereichen skizzenartige Elemente gegenüber, um die Zeichnung nicht zu überladen.

* FÜR Details eignen sich feine Schraffuren mit Feder oder hartem Stift.

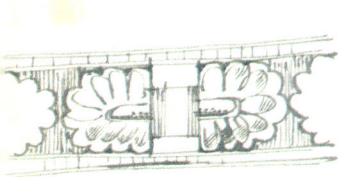

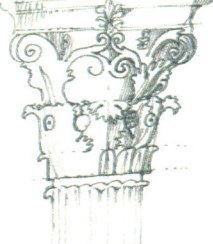

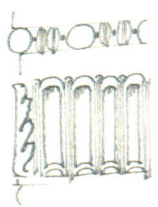

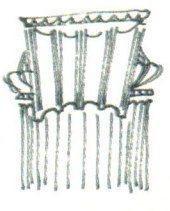

IM URLAUB ZEICHNEN

Nutzen Sie im Urlaub Ihr Skizzenbuch, um Ihre persönlichen Eindrücke festzuhalten. In ungewohnter Umgebung wirkt alles neu und aufregend und man nimmt es mit frischem Auge wahr. Sie brauchen keine Kathedralen oder Schlösser zu zeichnen – im Gegenteil, halten Sie sich fern von überfüllten Touristenzentren und suchen Sie abgelegene Seitenstraßen mit interessanter Architektur. Skizzieren Sie alles, was für Sie den Reiz des Ortes ausmacht: Architekturdetails von alten Gebäuden, einen farbigen Straßenmarkt, einen lebhaften Fischerhafen, ein Dorf auf einem Hügel. Und vergessen Sie nicht, Figuren zu ergänzen, um die Zeichnung zu beleben.

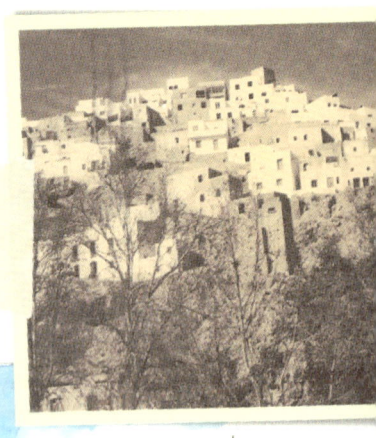

Beim Zeichnen studiert man sein Motiv sehr genau. Sie werden feststellen, dass Skizzen Erinnerungen anders wachrufen als Fotos.

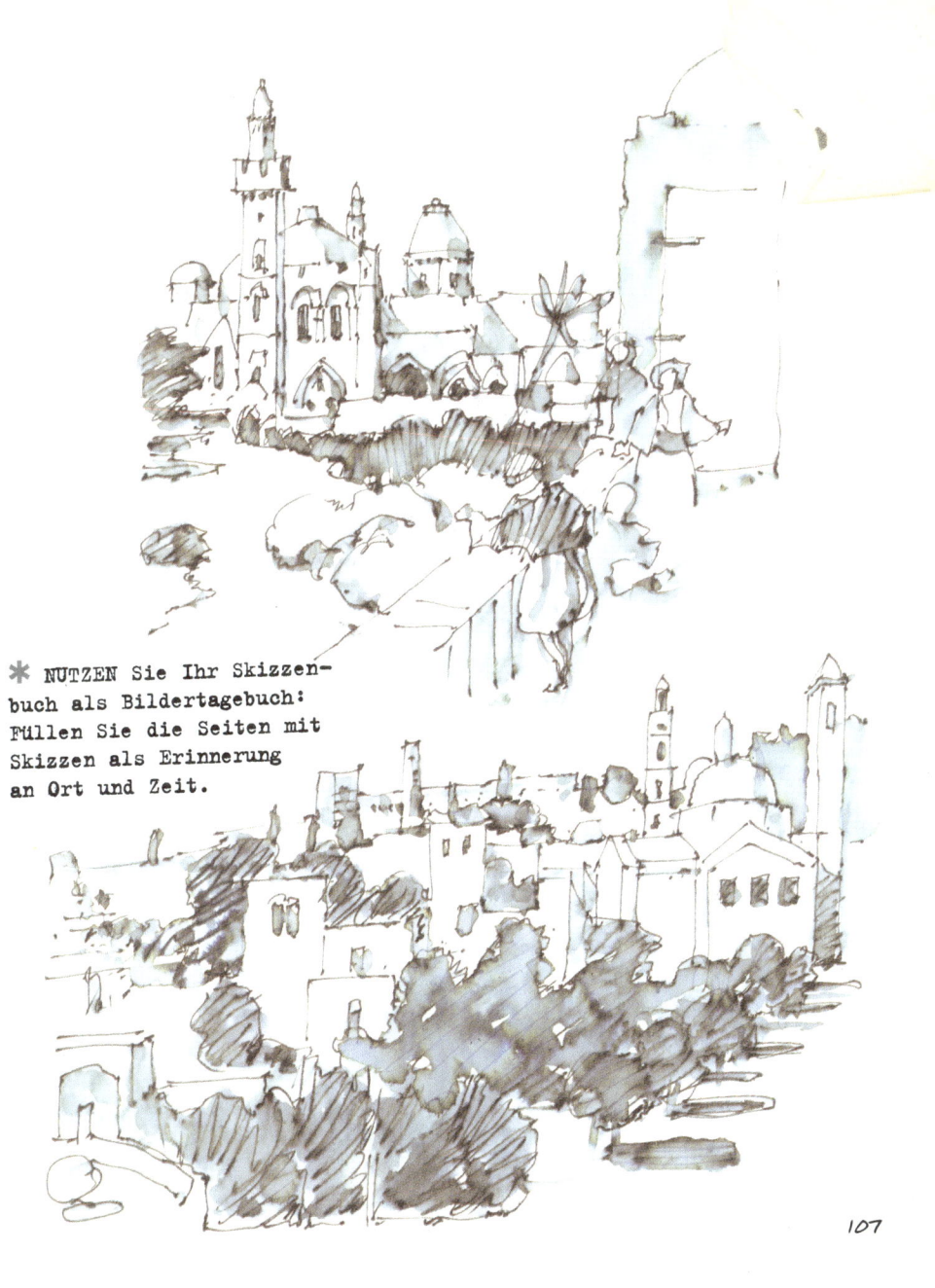

* NUTZEN Sie Ihr Skizzenbuch als Bildertagebuch: Füllen Sie die Seiten mit Skizzen als Erinnerung an Ort und Zeit.

ZIMMER MIT AUSSIC[HT]

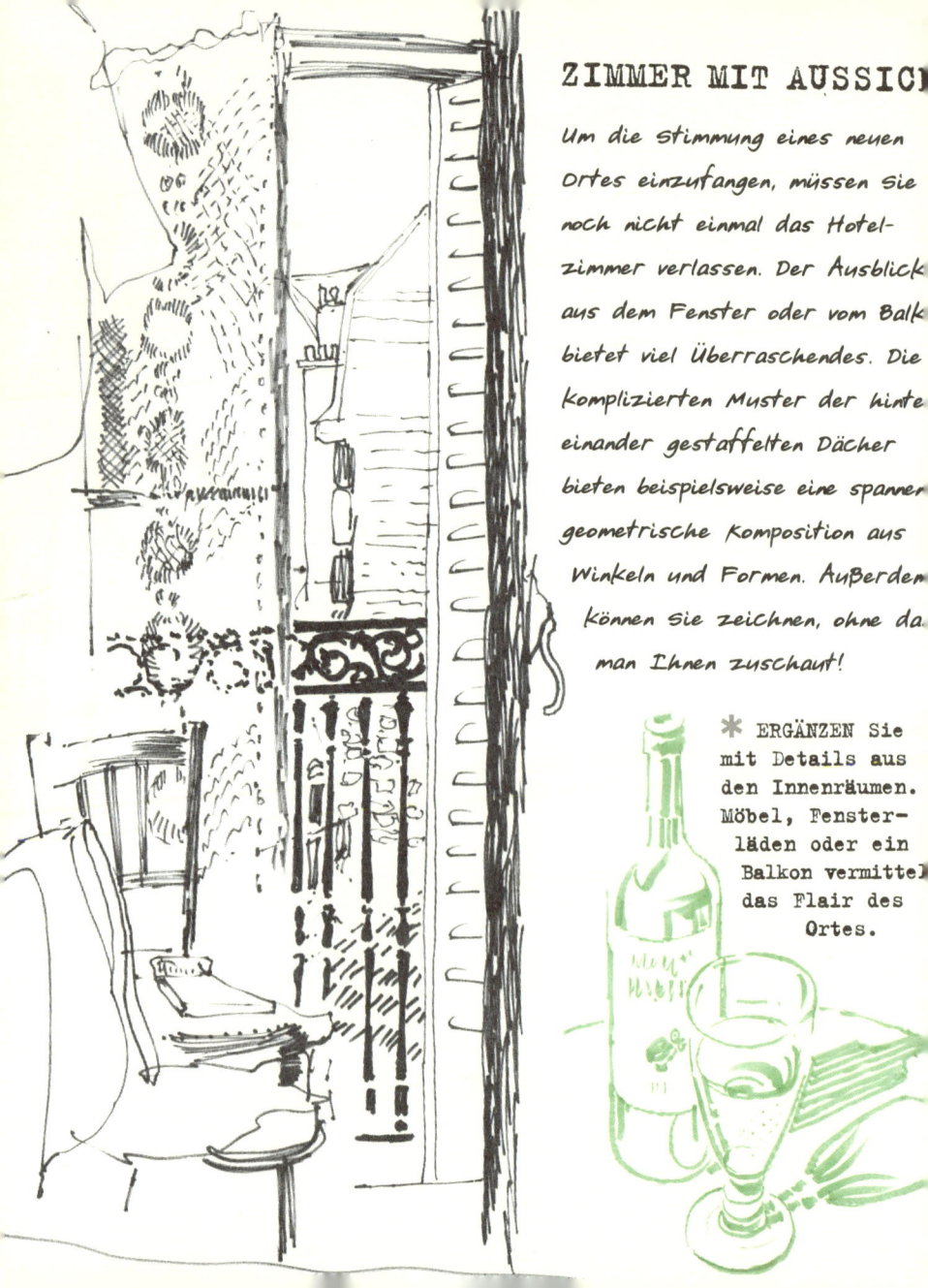

Um die Stimmung eines neuen Ortes einzufangen, müssen sie noch nicht einmal das Hotelzimmer verlassen. Der Ausblick aus dem Fenster oder vom Balk[on] bietet viel Überraschendes. Die komplizierten Muster der hinte[r]einander gestaffelten Dächer bieten beispielsweise eine spanne[nde] geometrische Komposition aus Winkeln und Formen. Außerdem können sie zeichnen, ohne da[ss] man Ihnen zuschaut!

✱ ERGÄNZEN Sie mit Details aus den Innenräumen. Möbel, Fensterläden oder ein Balkon vermittel[n] das Flair des Ortes.

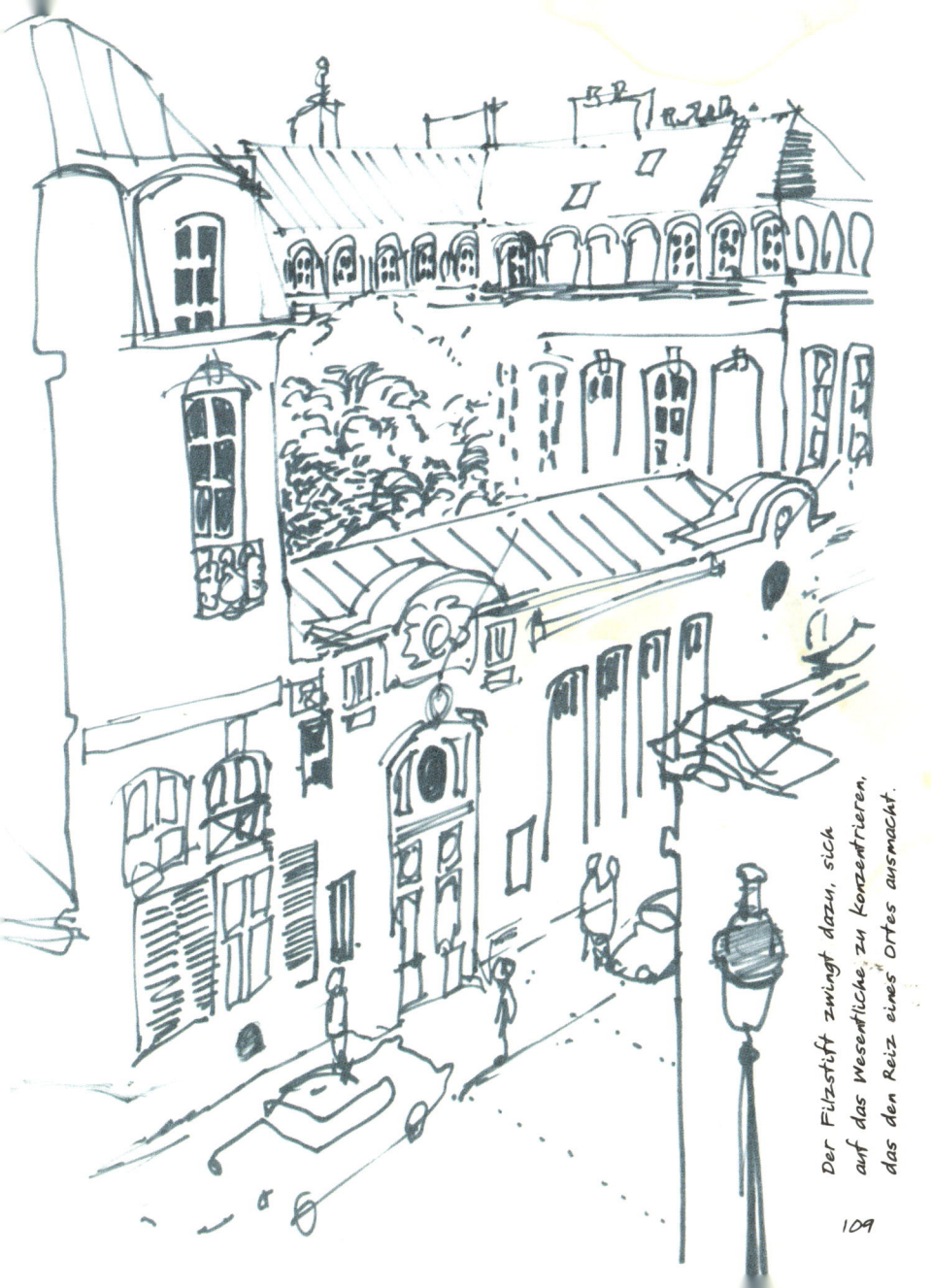

Der Filzstift zwingt dazu, sich
auf das Wesentliche zu konzentrieren,
das den Reiz eines Ortes ausmacht.

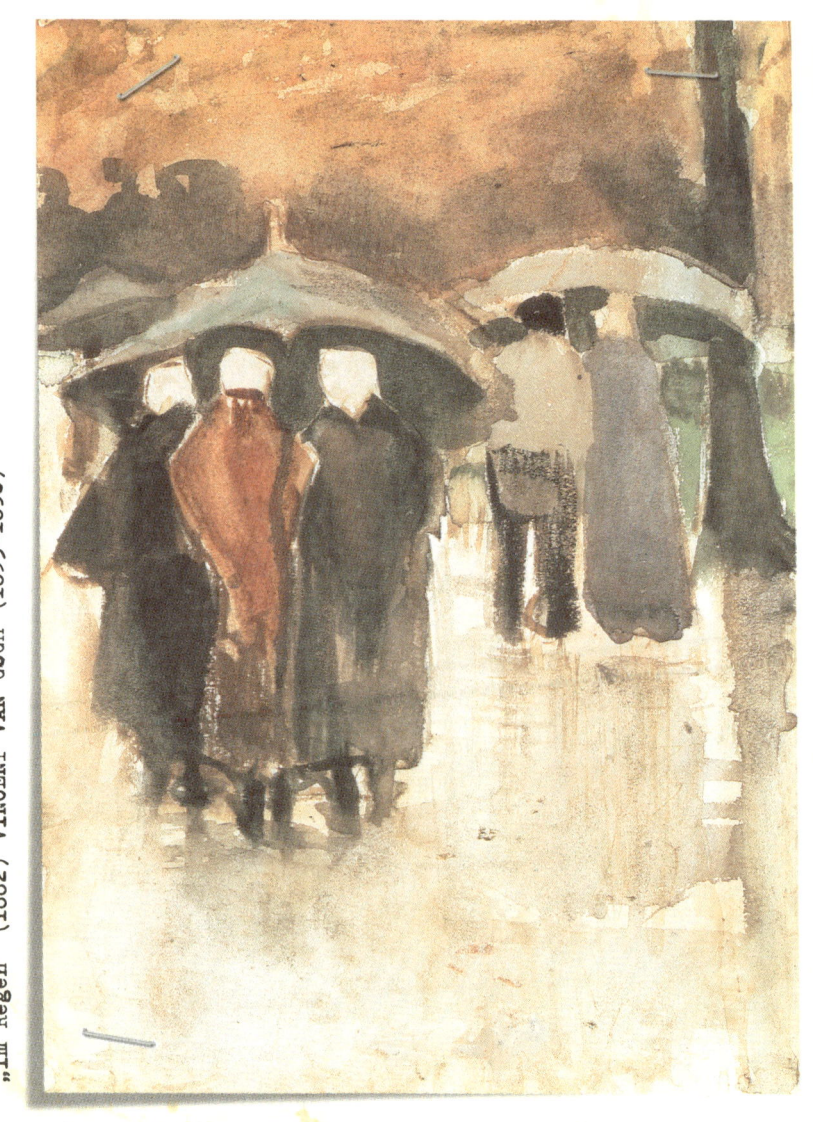

„Im Regen" (1882) VINCENT VAN GOGH (1853–1890)

„Der Reigen" (ca. 1884) CAMILLE PISSARO (1830–1903)

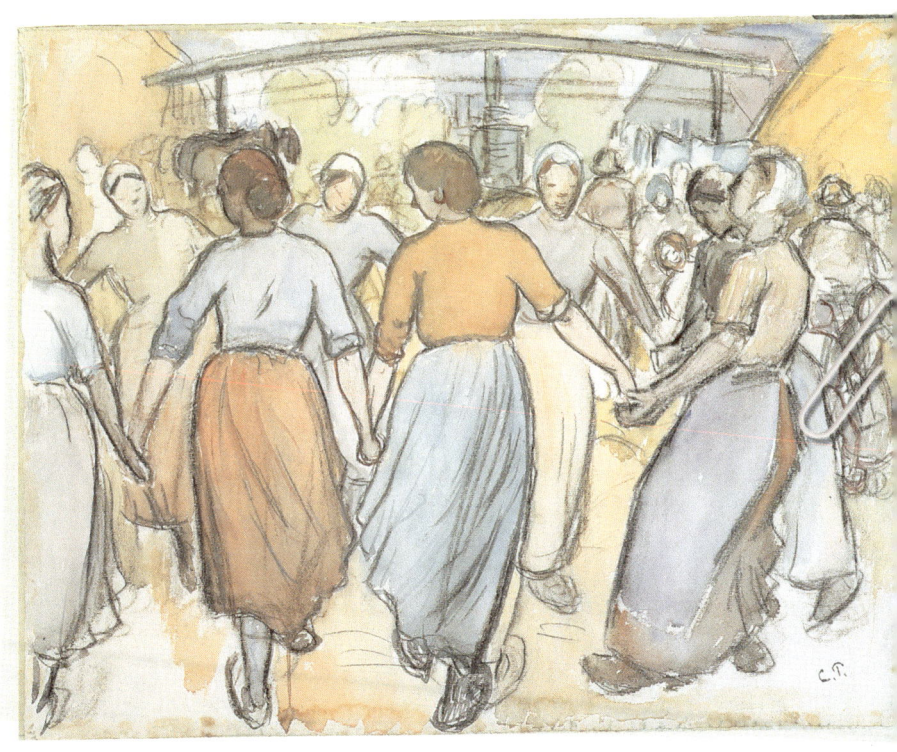

MENSCHEN UND ORTE

Wer in der Öffentlichkeit skizziert, muss rasch und mit Andeutungen arbeiten. Sie werden feststellen, dass Ihre Zeichnungen lebendiger wirken und sie mehr Selbstvertrauen bekommen. Ihr Skizzenbuch wird zu einem einzigartigen Bildertagebuch von Menschen, Orten und Ereignissen.

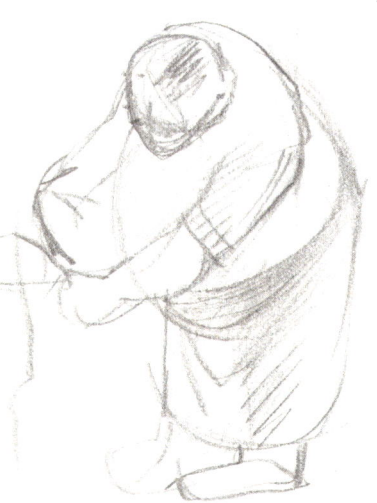

REISESKIZZEN

Vergessen Sie bei Ihrer nächsten Reise nicht das Skizzenbuch! Exotische Orte, unbekannte Gesichter und neue Erfahrungen bringen Farbe und Leben in Ihre Zeichnungen. Nehmen Sie Ansichten, Gerüche und Atmosphäre in sich auf. Ein kleines Skizzenbuch mit hartem Einband kann man schnell zücken, wenn einem etwas Interessantes auffällt. Falls Sie die Neugierde von Passanten stört, stellen Sie sich einfach in einen Türeingang. Arbeiten Sie mit kleinen Formaten - dann zeichnen Sie mit größerer Spontaneität. Skizzieren Sie einfach das, was Sie sehen. Lernen Sie, Formen zu vereinfachen und aussagekräftige Details auszumachen, die die Atmosphäre des Ortes wiedergeben.

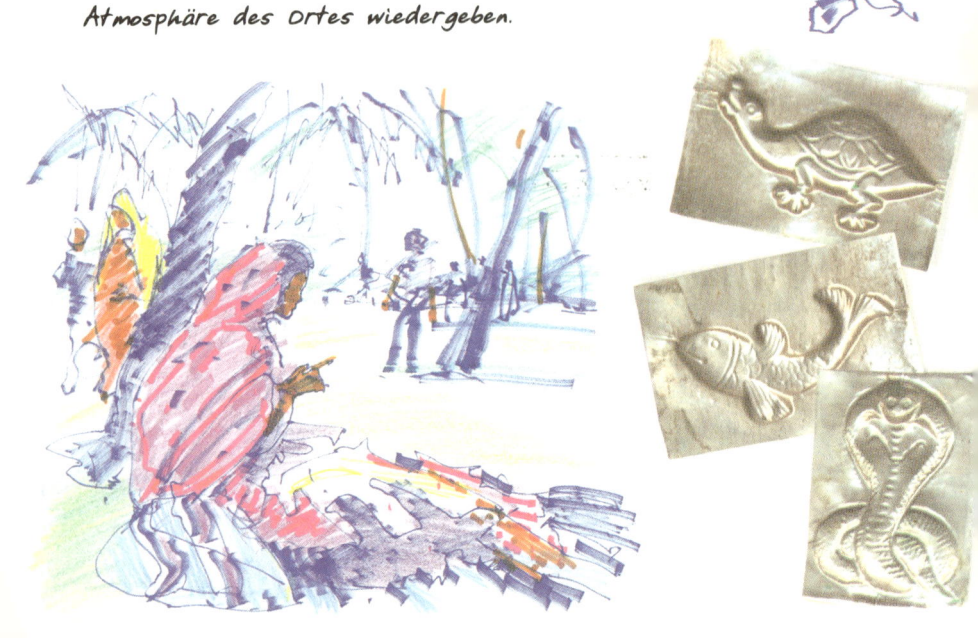

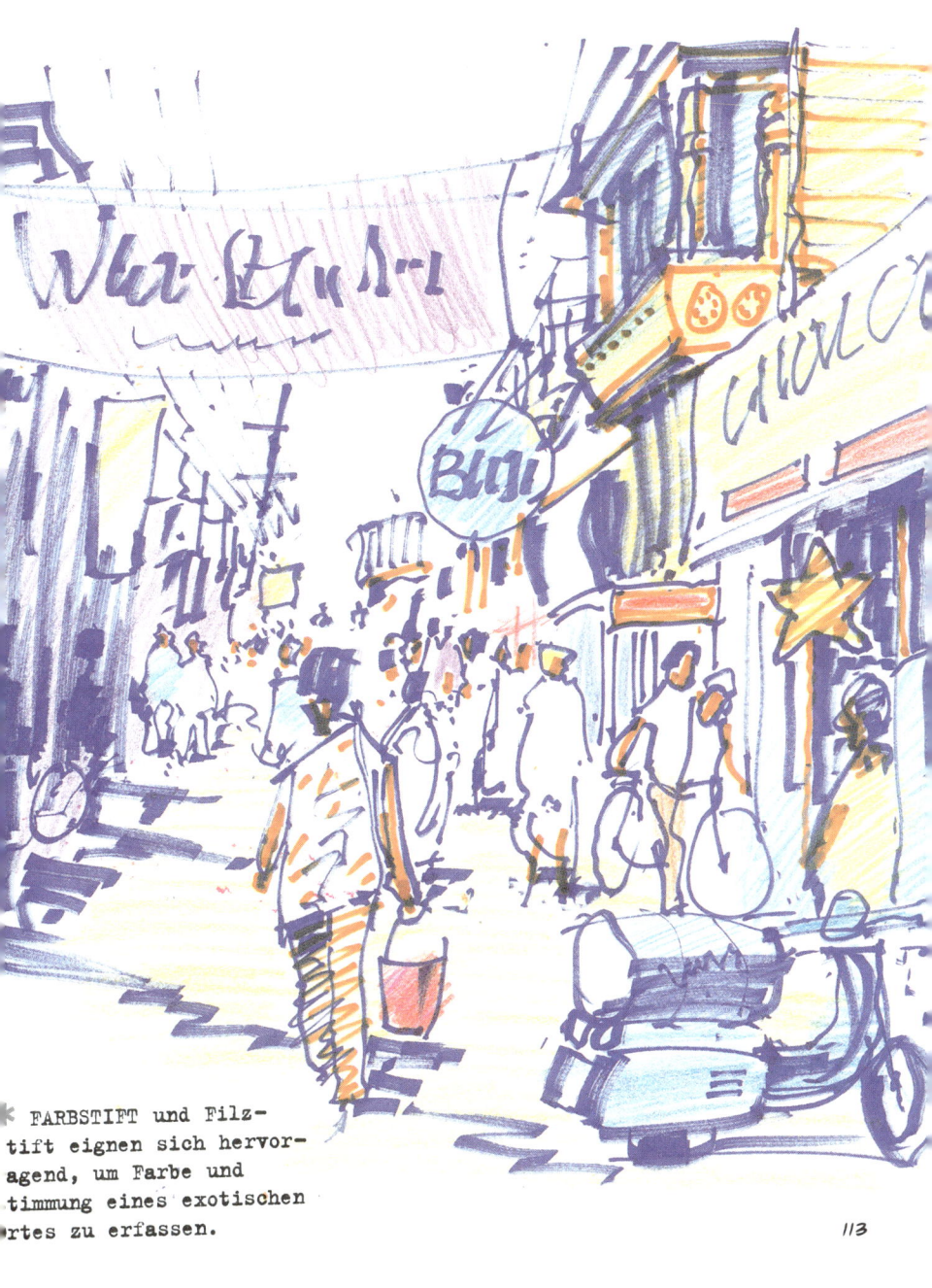

FARBSTIFT und Filz-
tift eignen sich hervor-
agend, um Farbe und
timmung eines exotischen
rtes zu erfassen.

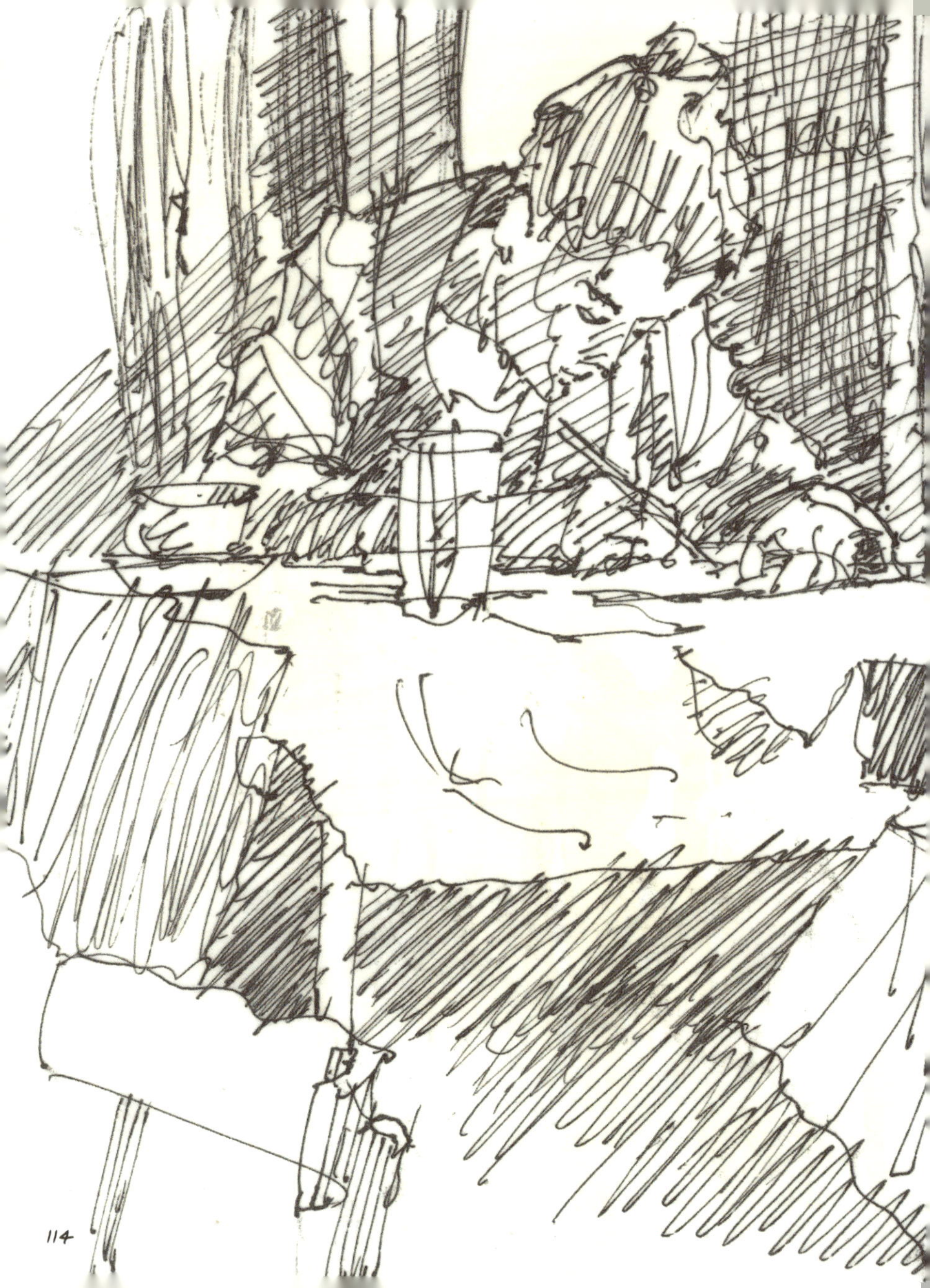

IM CAFÉ ZEICHNEN

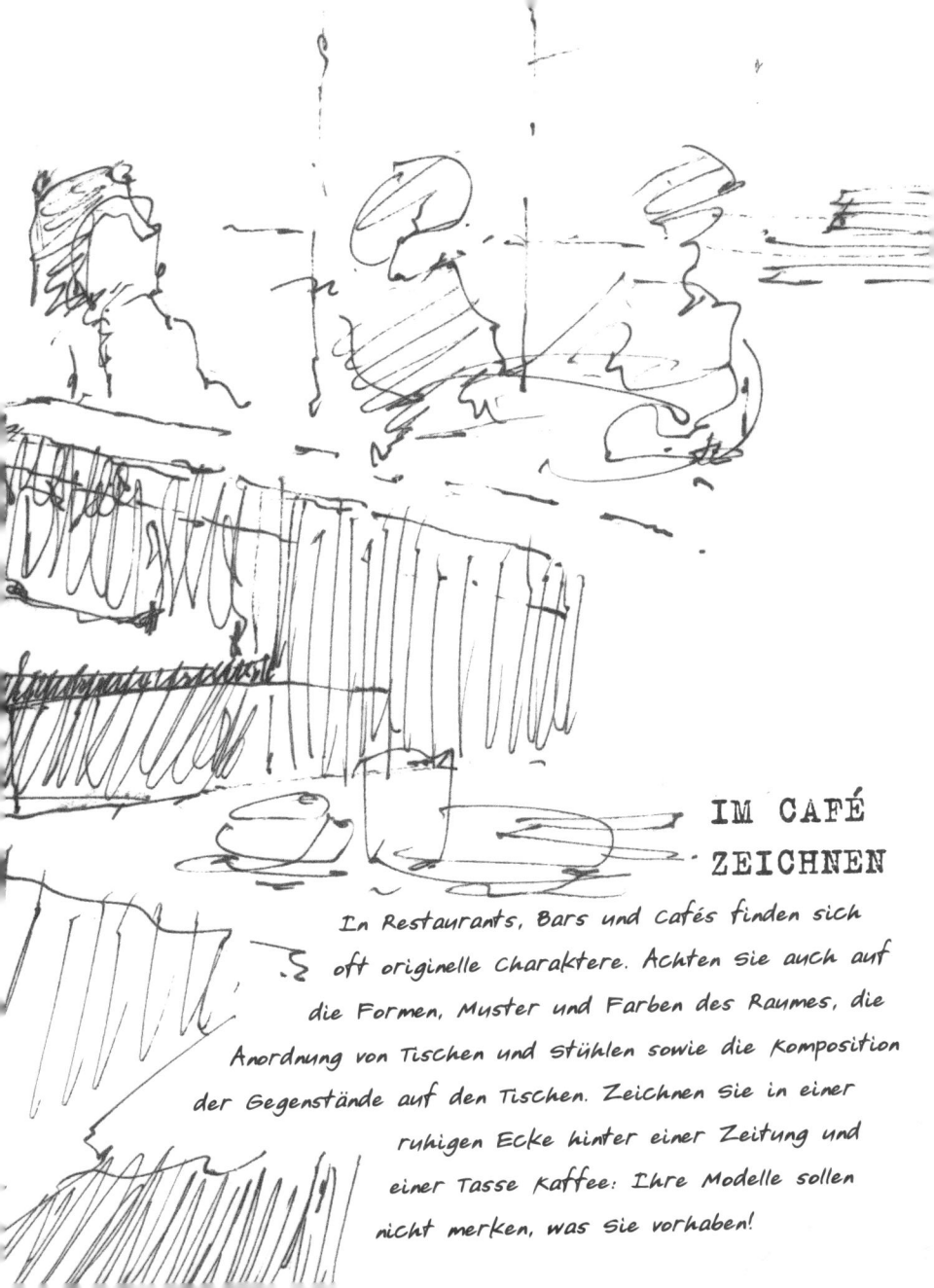

In Restaurants, Bars und Cafés finden sich oft originelle Charaktere. Achten Sie auch auf die Formen, Muster und Farben des Raumes, die Anordnung von Tischen und Stühlen sowie die Komposition der Gegenstände auf den Tischen. Zeichnen Sie in einer ruhigen Ecke hinter einer Zeitung und einer Tasse Kaffee: Ihre Modelle sollen nicht merken, was Sie vorhaben!

FERNSEHEN

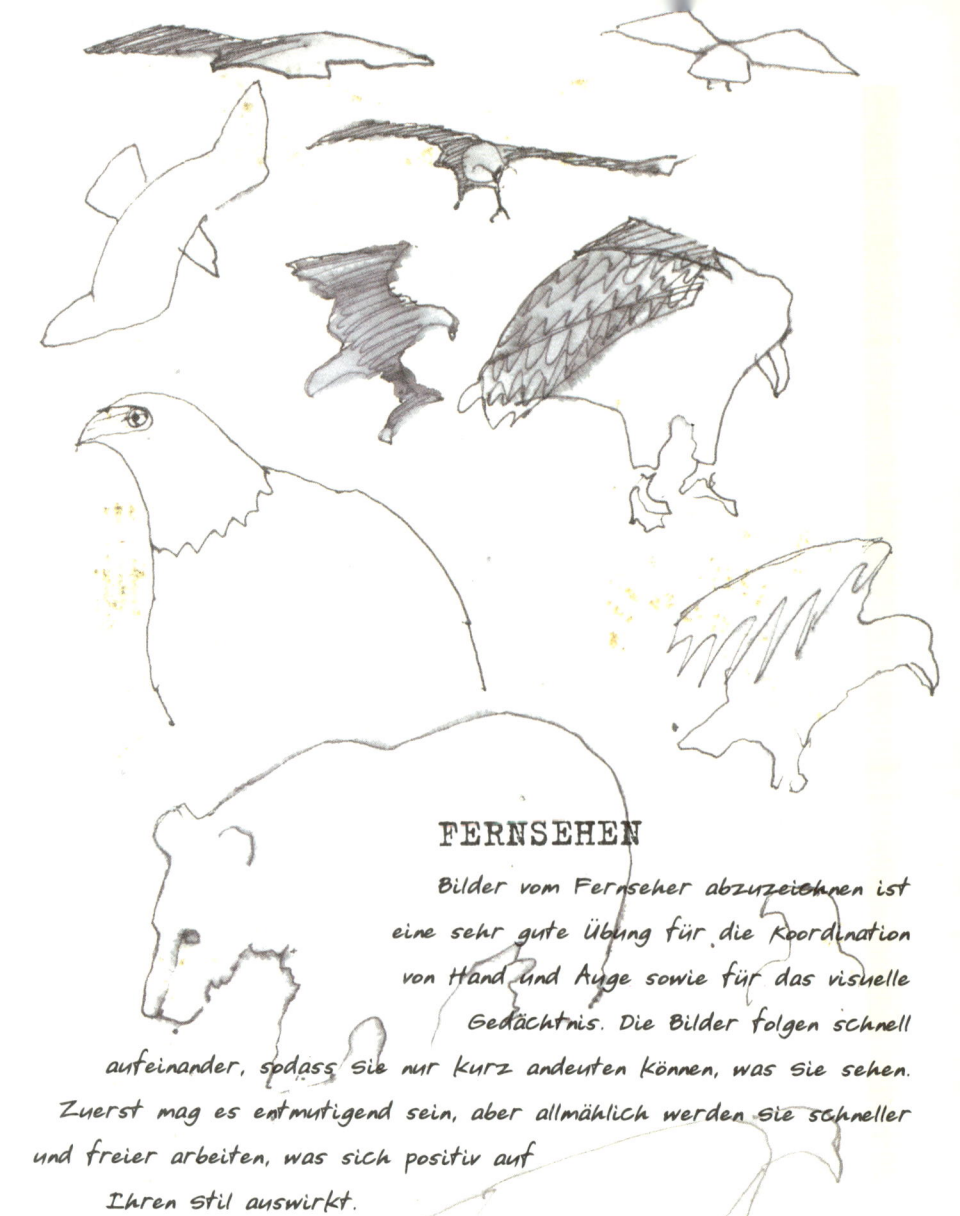

Bilder vom Fernseher abzuzeichnen ist eine sehr gute Übung für die Koordination von Hand und Auge sowie für das visuelle Gedächtnis. Die Bilder folgen schnell aufeinander, sodass sie nur kurz andeuten können, was sie sehen. Zuerst mag es entmutigend sein, aber allmählich werden sie schneller und freier arbeiten, was sich positiv auf Ihren Stil auswirkt.

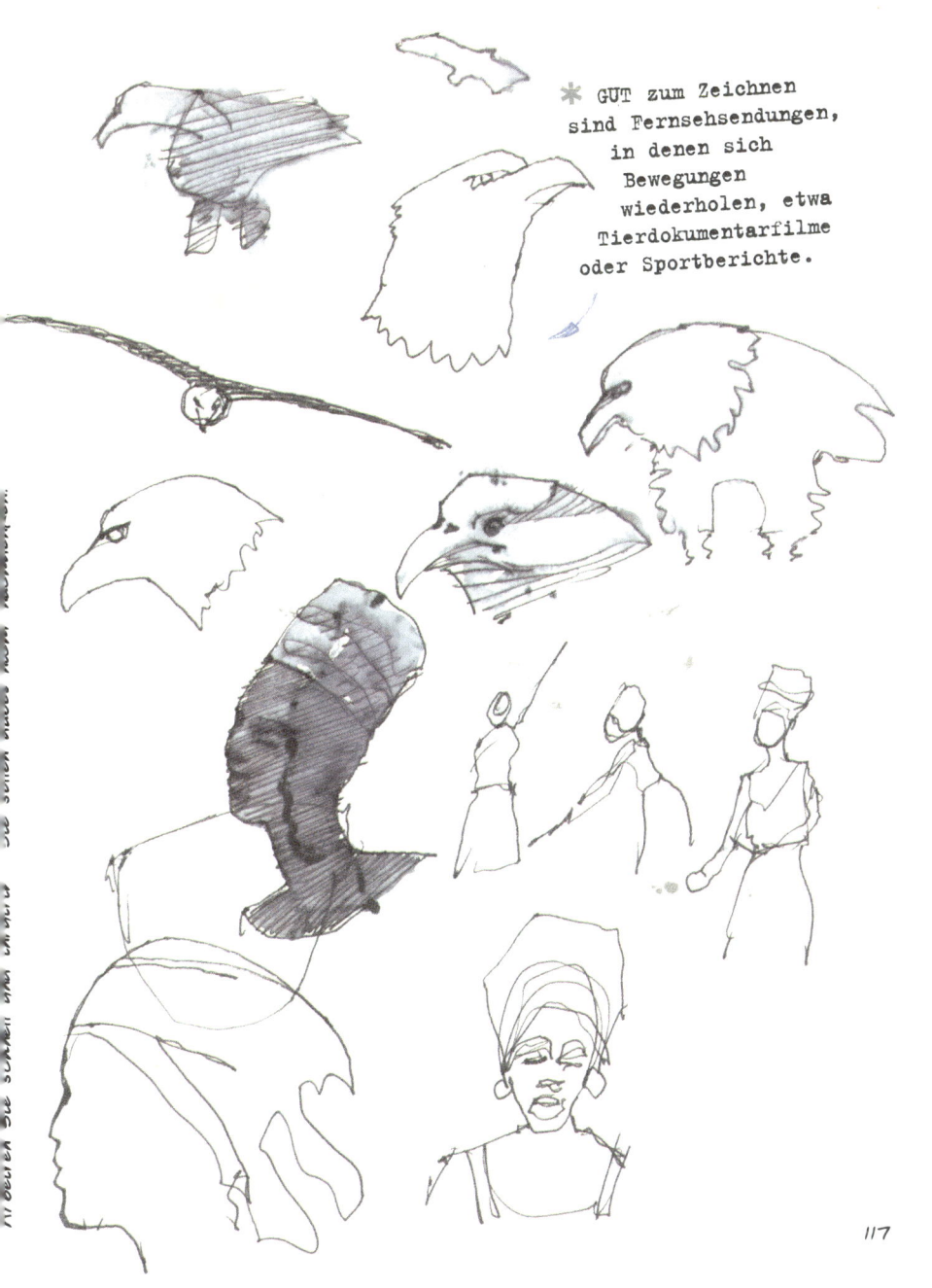

✳ GUT zum Zeichnen sind Fernsehsendungen, in denen sich Bewegungen wiederholen, etwa Tierdokumentarfilme oder Sportberichte.

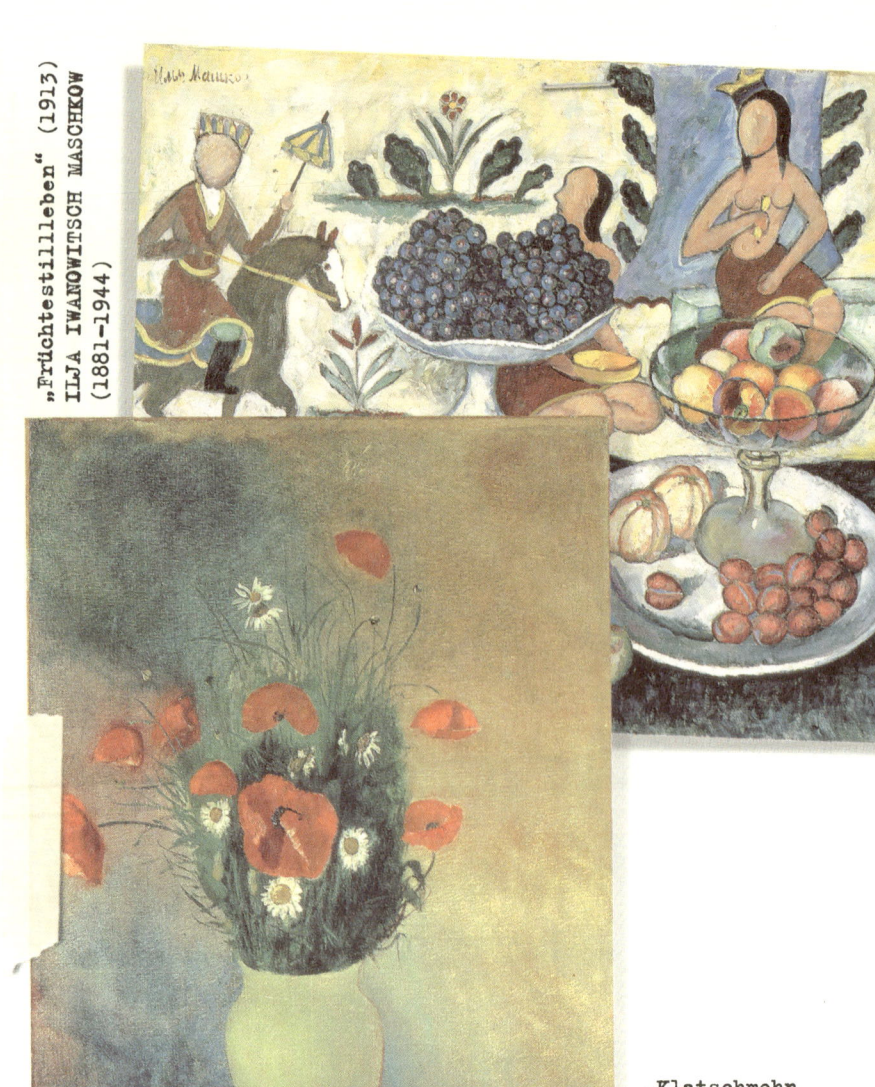

„Früchtestillleben" (1913)
ILJA IWANOWITSCH MASCHKOW
(1881–1944)

„Klatschmohn
und Margeriten"
(ca. 1913)
ODILON REDON
(1840–1916)

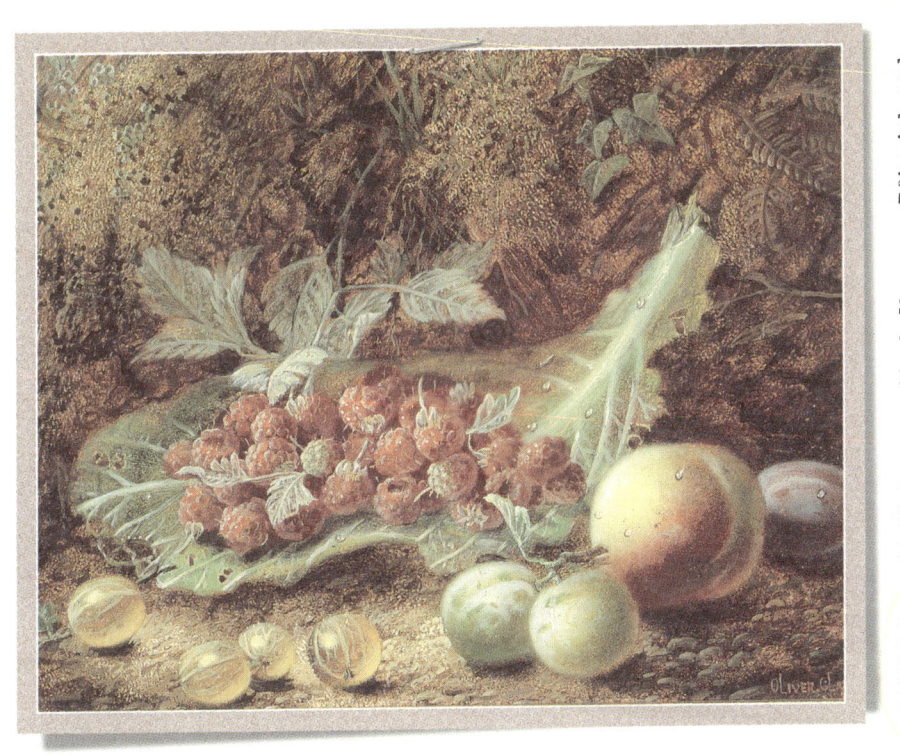

„Stilleben mit Himbeeren, Stachelbeeren, Pfirsich und Pflaumen auf einem Moospolster" OLIVER CLARE (1853-1927)

NACH DER NATUR ZEICHNEN
Die Natur bietet einen unerschöpflichen Reichtum an Themen. Im Freien gibt es die verschiedensten Motive: Wellen oder Reflexe auf dem Wasser, eine Baumgruppe, aufgetürmte Wolken oder eine Blumenwiese. Sie können aber auch zu Hause arbeiten und dort gesammelte Objekte zeichnen, etwa Blätter, Gräser, Blüten, Kiefernzapfen oder Muscheln.

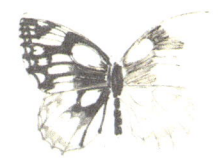

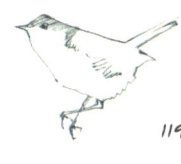

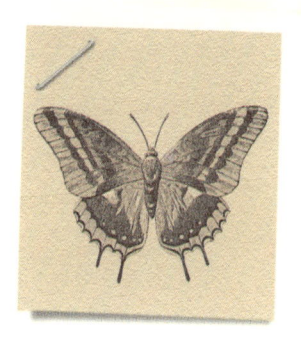

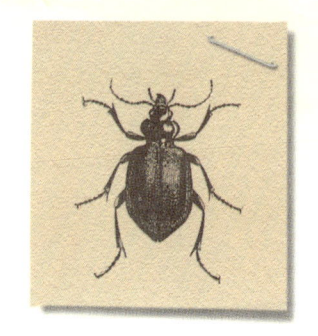

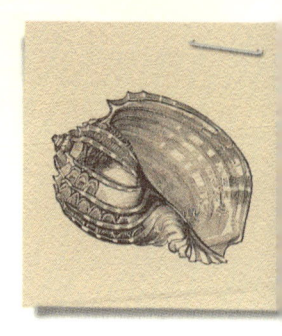

FORMEN DER NATUR

Der atemberaubende Reichtum der Natur an Formen, Oberflächen, Texturen und Farben bietet viel Spielraum für kreative Interpretationen in Ihrem Skizzenbuch. Die besonderen Merkmale eines Naturgegenstandes – etwa ein Stein, Blatt oder Insekt – mit dem charakteristischen Ausdruck Ihres Zeichengerätes zu erfassen, kann fesselnd und lehrreich sein. Ein kräftiger Kohle- oder Pastellstrich auf grobem Papier deutet beispielsweise gut die raue Oberfläche von Stein oder knorrigem Holz an, während der helle Strich eines harten Bleistiftes sich für den anmutigen Schwung einer Feder eignet.

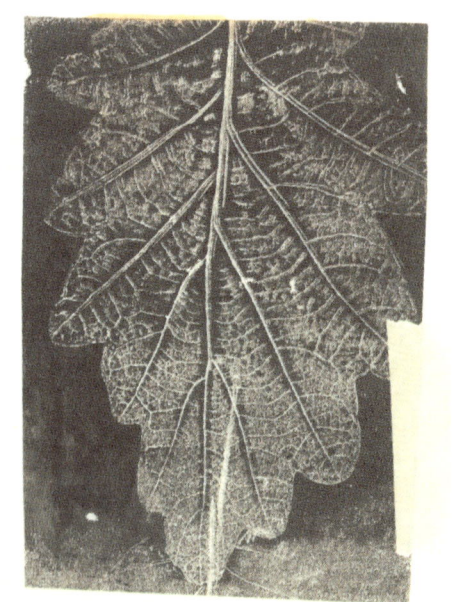

✱ BOTANIKBÜCHER sind ein guter Ausgangspunkt für kreatives Interpretieren der Natur.

Suchen Sie sich Details, die für sich sprechen.

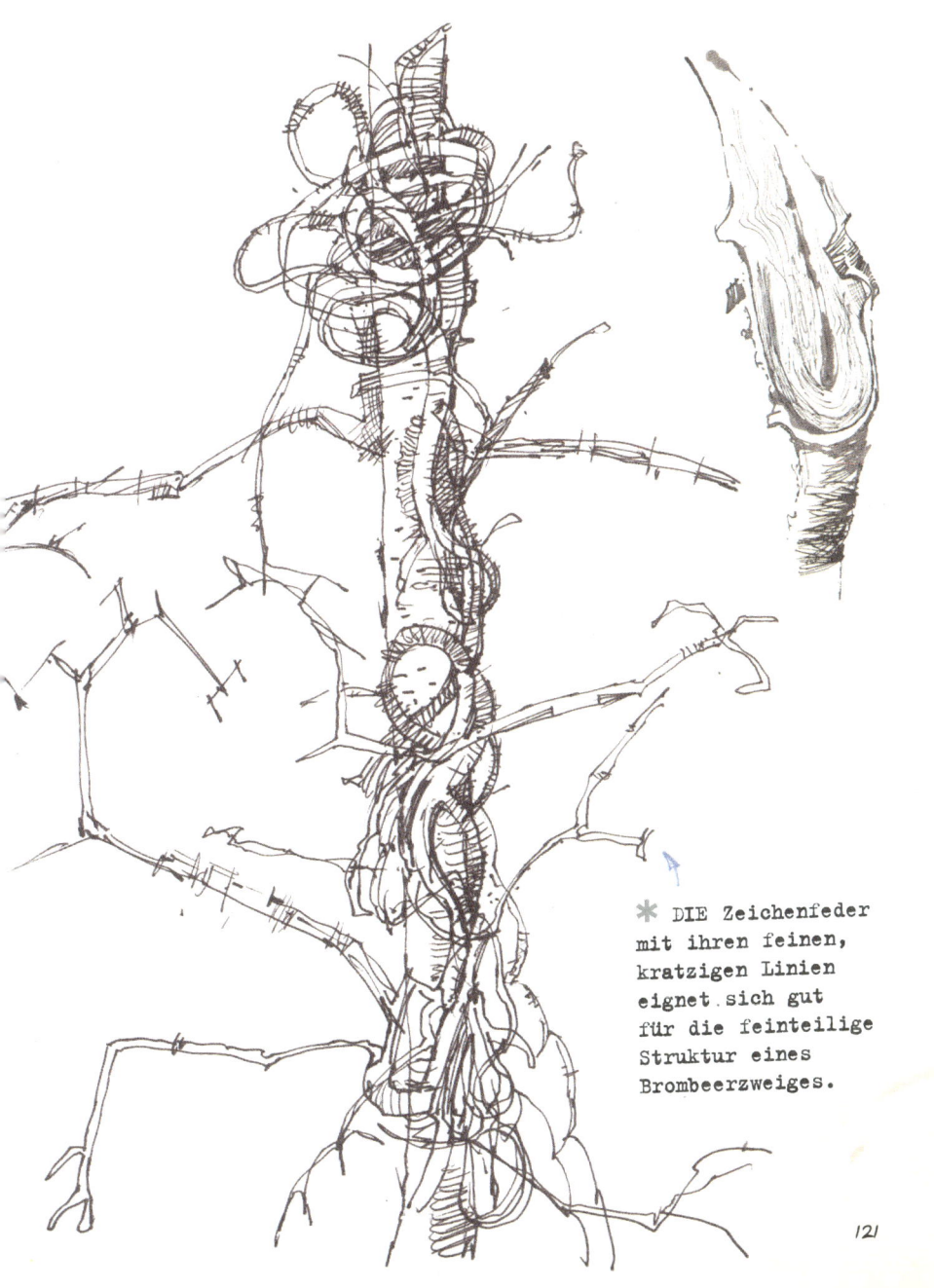

✸ DIE Zeichenfeder
mit ihren feinen,
kratzigen Linien
eignet sich gut
für die feinteilige
Struktur eines
Brombeerzweiges.

BLUMEN UND PFLANZEN

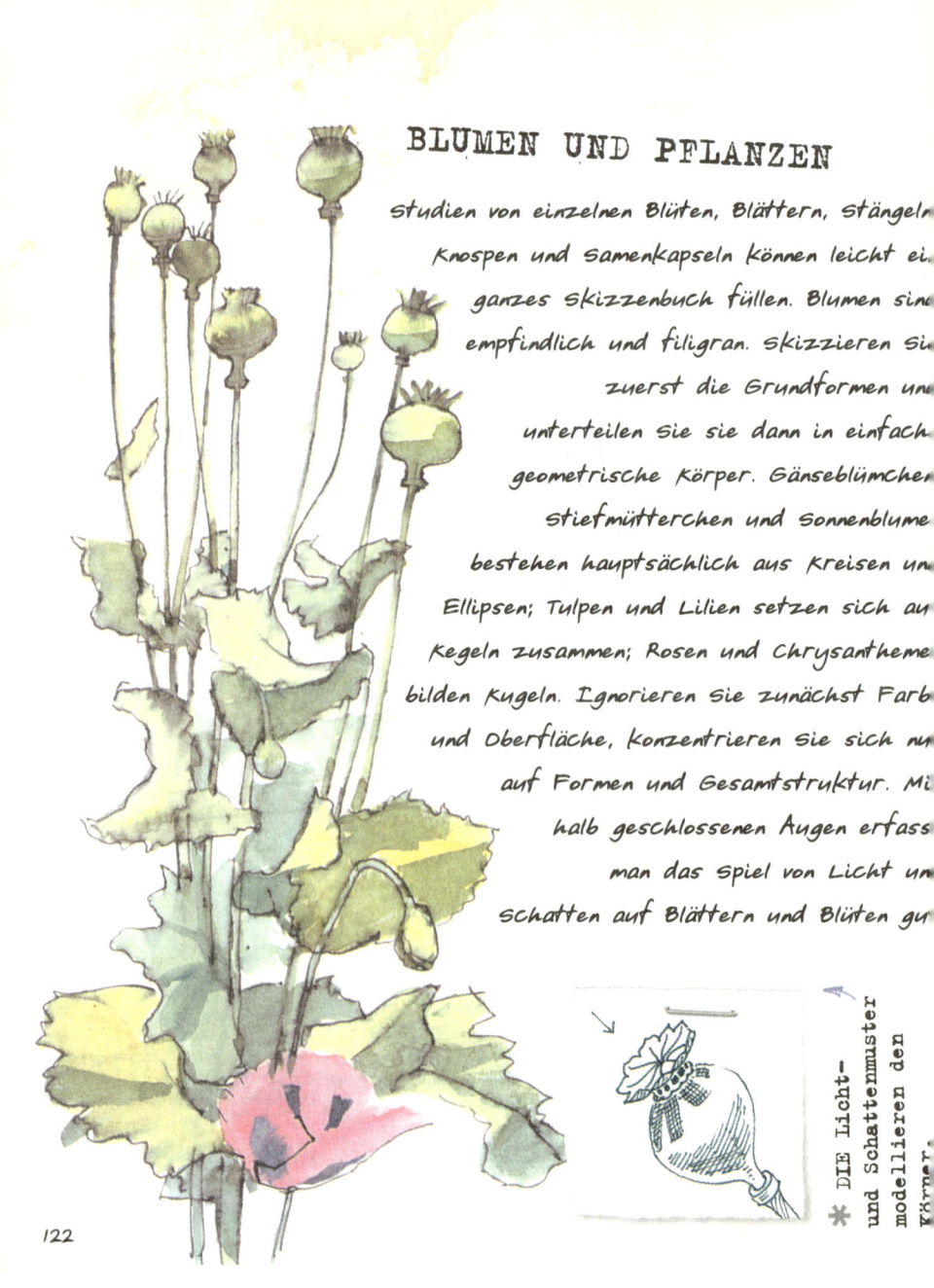

Studien von einzelnen Blüten, Blättern, Stängeln, Knospen und Samenkapseln können leicht ein ganzes Skizzenbuch füllen. Blumen sind empfindlich und filigran. Skizzieren Sie zuerst die Grundformen und unterteilen Sie sie dann in einfache geometrische Körper. Gänseblümchen, Stiefmütterchen und Sonnenblume bestehen hauptsächlich aus Kreisen und Ellipsen; Tulpen und Lilien setzen sich aus Kegeln zusammen; Rosen und Chrysanthemen bilden Kugeln. Ignorieren Sie zunächst Farbe und Oberfläche, konzentrieren Sie sich nur auf Formen und Gesamtstruktur. Mit halb geschlossenen Augen erfasst man das Spiel von Licht und Schatten auf Blättern und Blüten gut.

* DIE Licht- und Schattenmuster modellieren den Körper.

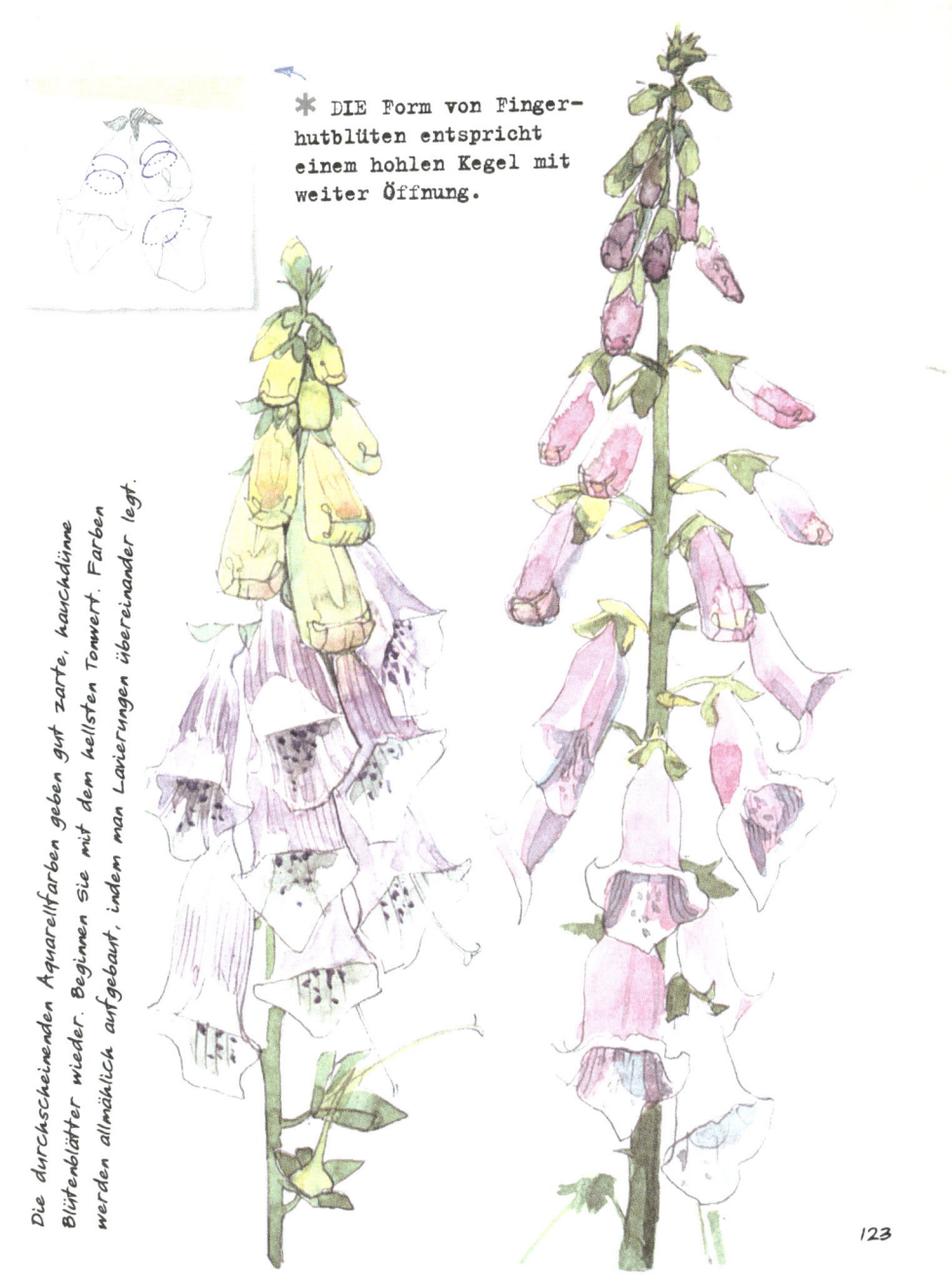

✳ DIE Form von Fingerhutblüten entspricht einem hohlen Kegel mit weiter Öffnung.

Die durchscheinenden Aquarellfarben geben gut zarte, hauchdünne Blütenblätter wieder. Beginnen Sie mit dem hellsten Tonwert. Farben werden allmählich aufgebaut, indem man Lasierungen übereinander legt.

TIERE IN BEWEGUNG

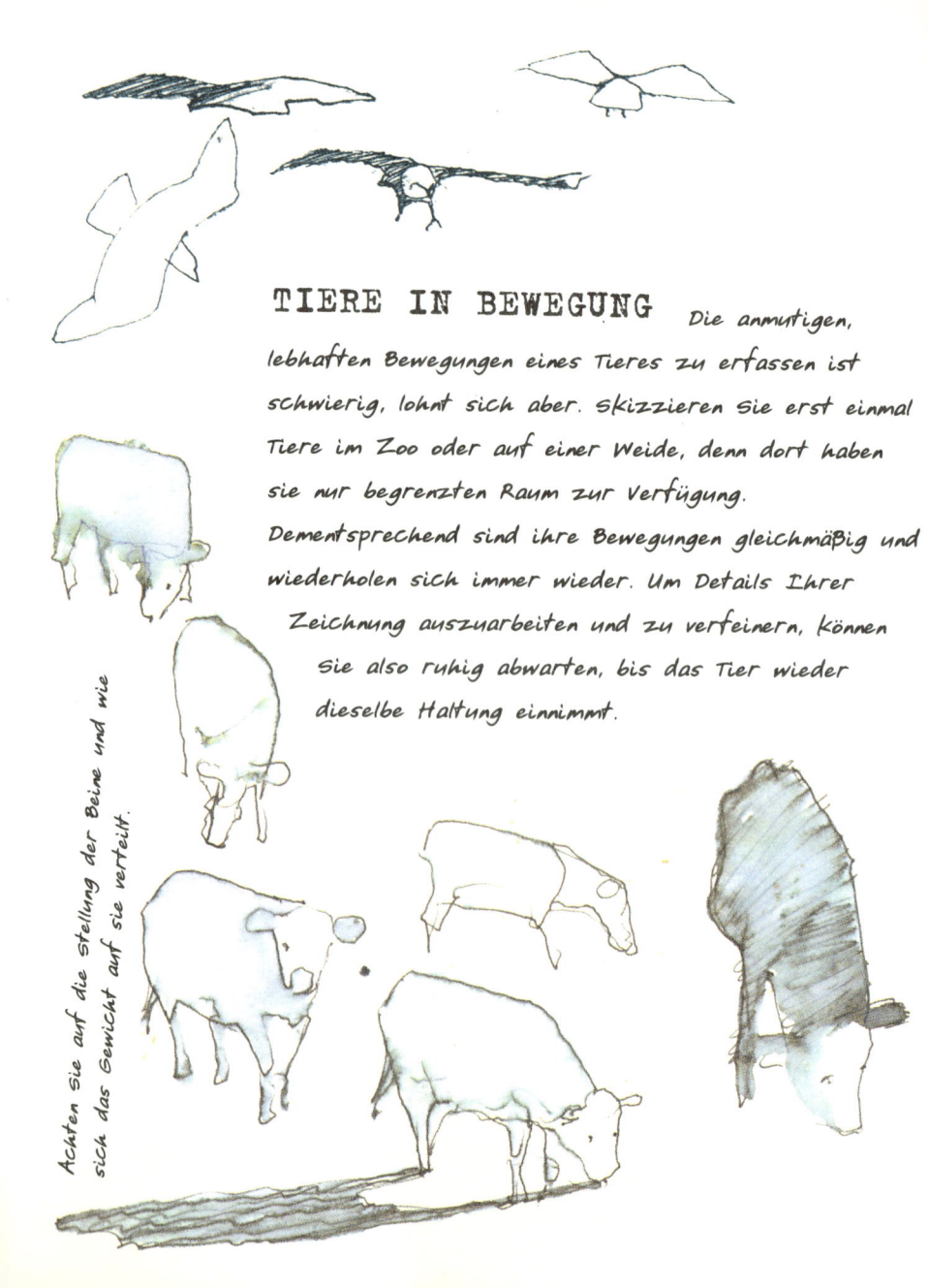

Die anmutigen, lebhaften Bewegungen eines Tieres zu erfassen ist schwierig, lohnt sich aber. Skizzieren Sie erst einmal Tiere im Zoo oder auf einer Weide, denn dort haben sie nur begrenzten Raum zur Verfügung. Dementsprechend sind ihre Bewegungen gleichmäßig und wiederholen sich immer wieder. Um Details Ihrer Zeichnung auszuarbeiten und zu verfeinern, können Sie also ruhig abwarten, bis das Tier wieder dieselbe Haltung einnimmt.

Achten Sie auf die Stellung der Beine und wie sich das Gewicht auf sie verteilt.

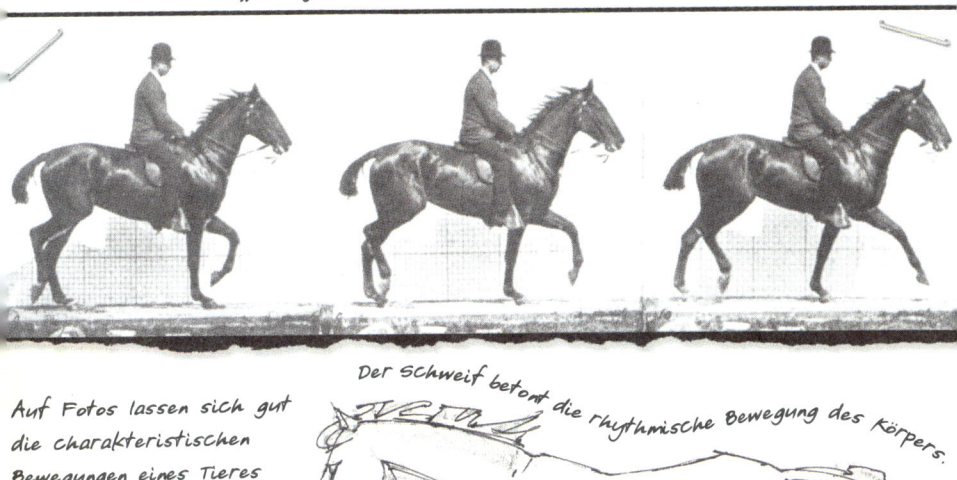

„Daisy mit Reiter" (1881) EADWEARD MUYBRIDGE (1830–1904)

Der Schweif betont die rhythmische Bewegung des Körpers.

Auf Fotos lassen sich gut die charakteristischen Bewegungen eines Tieres studieren. Die berühmten Aufnahmen von Eadweard Muybridge wurden im Abstand von wenigen Mikrosekunden aufgenommen.

TIPP

Wer ein Tier in Bewegung zeichnet, muss schnell arbeiten. Entsprechend wählt man sein Zeichengerät. Weicher Bleistift, Grafitstab, Kohle, Pinsel und Tusche, Filzstift oder Kreide eignen sich sehr gut, denn mit ihnen kann man frei arbeiten und seine Eindrücke rasch festhalten.

Lassen Sie die Zeichnung selbst dynamisch wirken. Arbeiten Sie nicht mit einem festen Umriss, sondern mit undeutlichen Konturen oder mehreren Umrisslinien. Rasch gezeichnete, kräftige Striche aus dem Arm heraus deuten Bewegung an. Auch indem Sie Einzelbereiche, etwa die Beine, weich oder kaum wahrnehmbar zeichnen, können Sie Bewegung ausdrücken.

AM STRAND

Das Meeresufer ist eine richtige Schatztruhe, gefüllt mit Naturgegenständen. Sammeln Sie Kiesel, Muscheln, Seesterne, Tang und reizvolles Treibgut. Betrachten Sie Ihre Fundstücke aufmerksam und in Ruhe, um sie dann zu zeichnen. Es braucht keine fertig gestellte Studie zu werden; eine Arbeitsskizze reicht. Sie können sie - ähnlich wie Zeitungsausschnitte oder Fotos - als Bildmaterial für andere Zeichnungen verwenden.

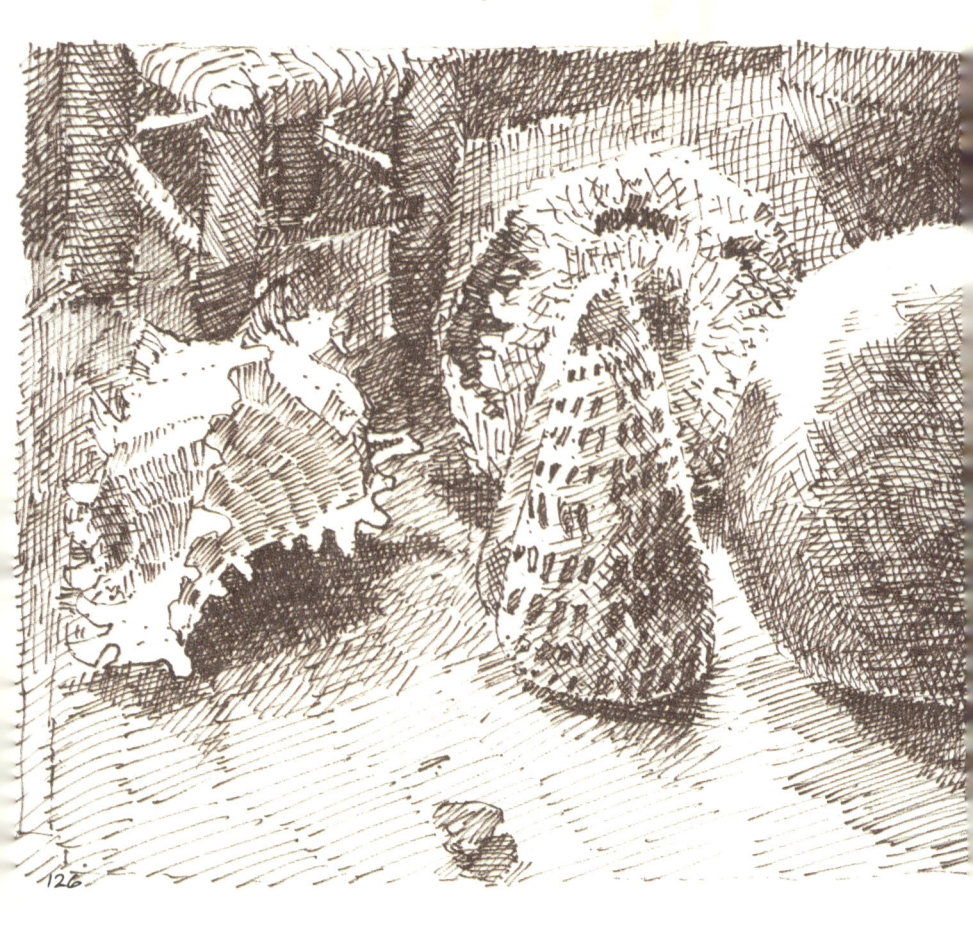

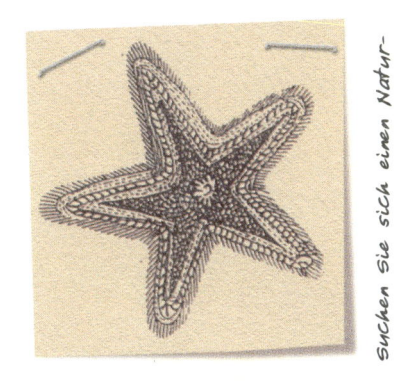

Suchen Sie sich einen Naturgegenstand und zeichnen Sie ihn in Ihrem persönlichen Stil.

ÜBUNG

Arrangieren Sie mehrere Naturgegenstände mit unterschiedlichen Formen, Mustern und Texturen. Erarbeiten Sie eine Folge von Studien mit verschiedenen Zeichengeräten auf strukturierten und getönten Papieren. Suchen Sie nach Wegen, die Oberflächen wiederzugeben und sie voneinander abzusetzen.

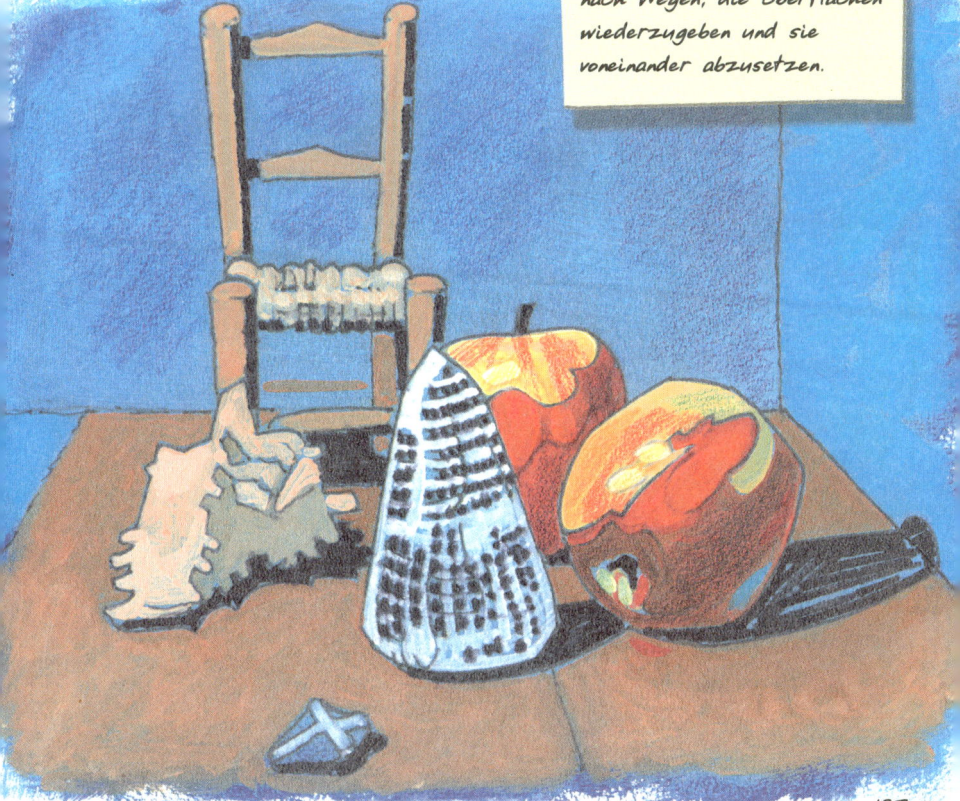

NATUR IN NAHANSICHT

Aus der Nähe enthüllt ein Naturgegenstand unendlich viele Farben, Oberflächen und Muster, die jede für sich eine eigene Studie lohnen. Schneiden Sie Obst und Gemüse in zwei Hälften. Kohl, Blumenkohl, Paprikaschoten, Tomaten und Granatäpfel zum Beispiel bieten einen interessanten Querschnitt. Stilisierte oder abstrakte Zeichnungen anhand von diesen Mustern anzufertigen, wird Ihnen viel Spaß machen.

* **Tusche, Aquarell und Pastell geben Naturfarben leuchtend wieder.**

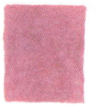

FARBPALETTE VON KOHL

ÜBUNG

Schneiden Sie einen Rotkohl entzwei und fertigen eine vergrößerte Zeichnung von dem Querschnitt an. Mit Zeichengeräten wie Pastell, Rötel oder Farbstift lassen sich die Formen der dicht aneinander liegenden Blätter und die Wirbellinien, die sie bilden, kreativ interpretieren.

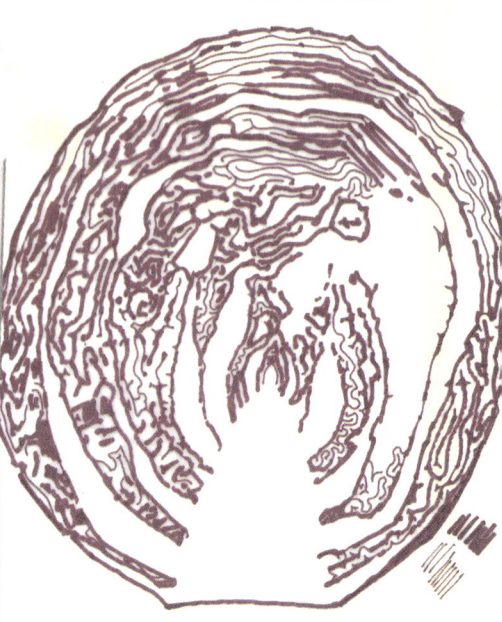

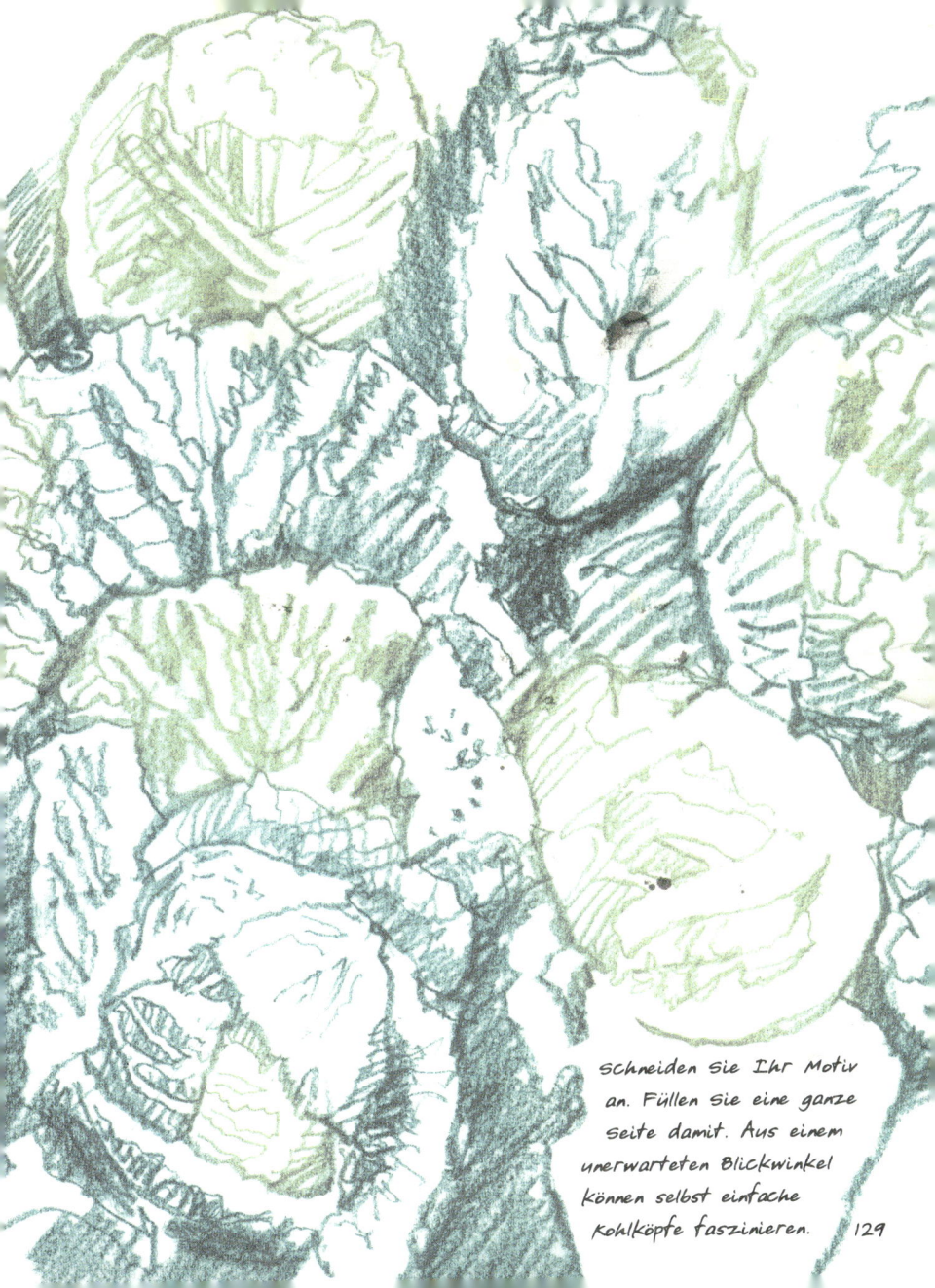

Schneiden sie Ihr Motiv an. Füllen Sie eine ganze Seite damit. Aus einem unerwarteten Blickwinkel können selbst einfache Kohlköpfe faszinieren.

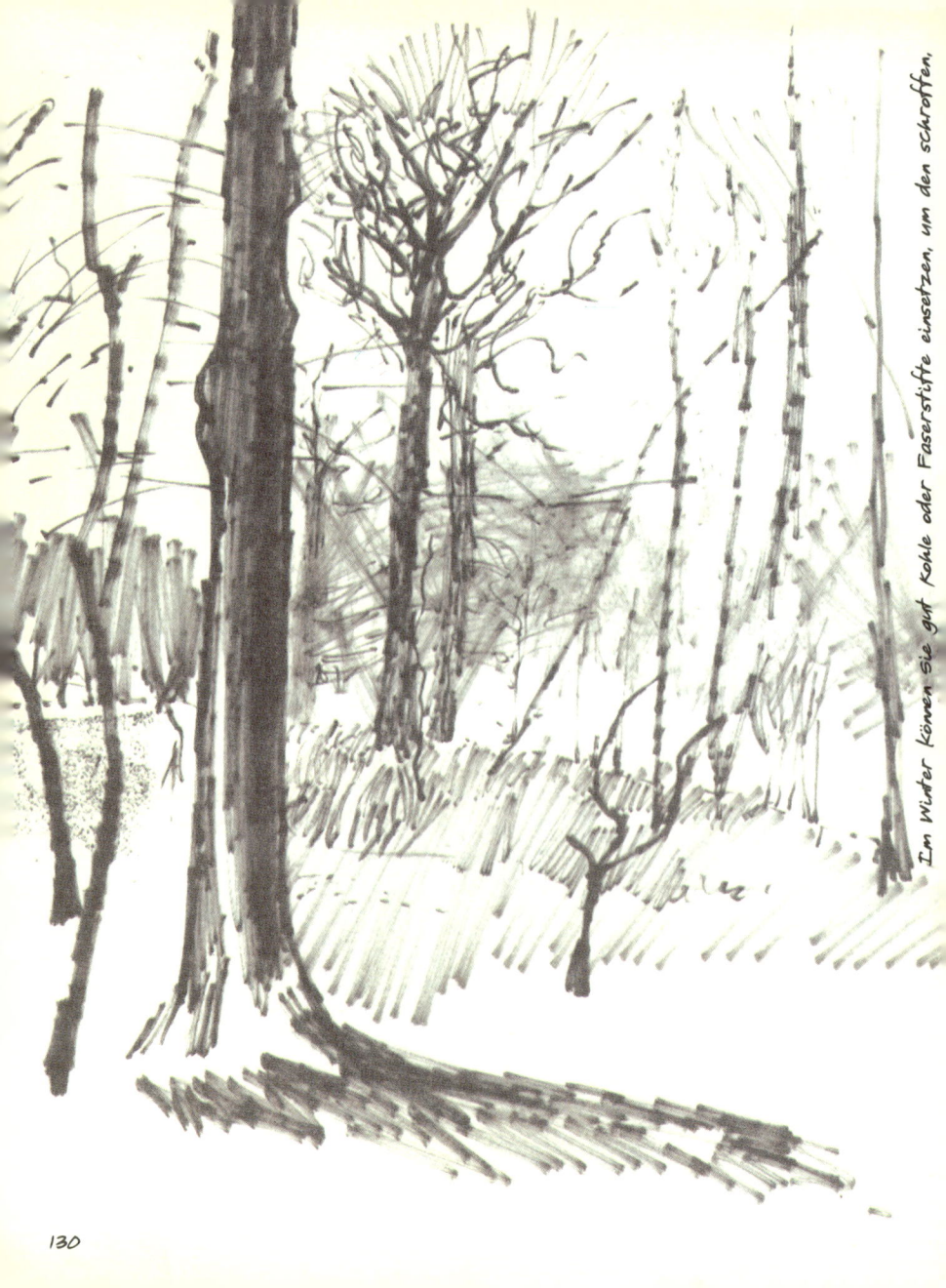

Im Winter können Sie gut Kohle oder Faserstifte einsetzen, um den schroffen,

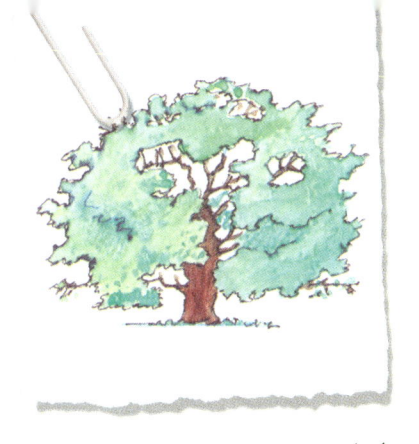

Sollten Sie in Farbe arbeiten, studieren Sie genau das Grün des Blattwerks: Ist es hell oder dunkel, warm oder kalt?

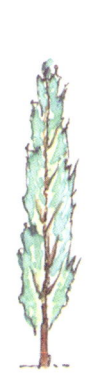

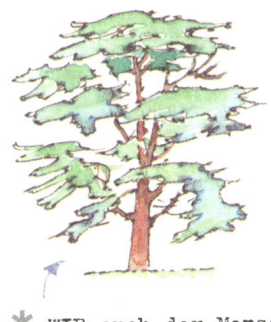

✳ WIE auch der Mensch besitzt jeder Baum einen unverwechselbaren Charakter und Ausdruck.

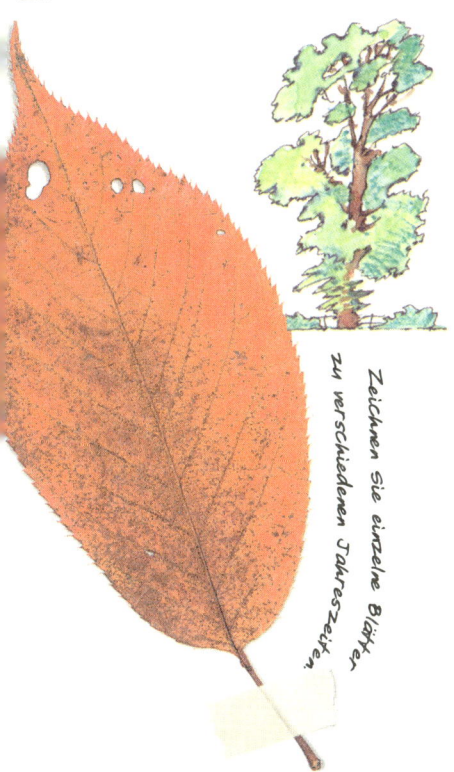

Zeichnen Sie einzelne Blätter zu verschiedenen Jahreszeiten.

BÄUME Skizzieren Sie einzelne Bäume zu verschiedenen Jahreszeiten. Die nackte Wintersilhouette verwandelt sich im Sommer in dichtes, grünes Blattwerk. Bevor Sie mit dem Zeichnen beginnen, analysieren Sie genau die Grundformen. Die Proportionen lassen sich richtig wiedergeben, indem man die Höhe des Baumes mit der Länge seiner Äste vergleicht. Arbeiten Sie bei der Gestaltung von Stamm und Zweigen mit der gleichen Einfühlsamkeit wie beim figürlichen Zeichnen.

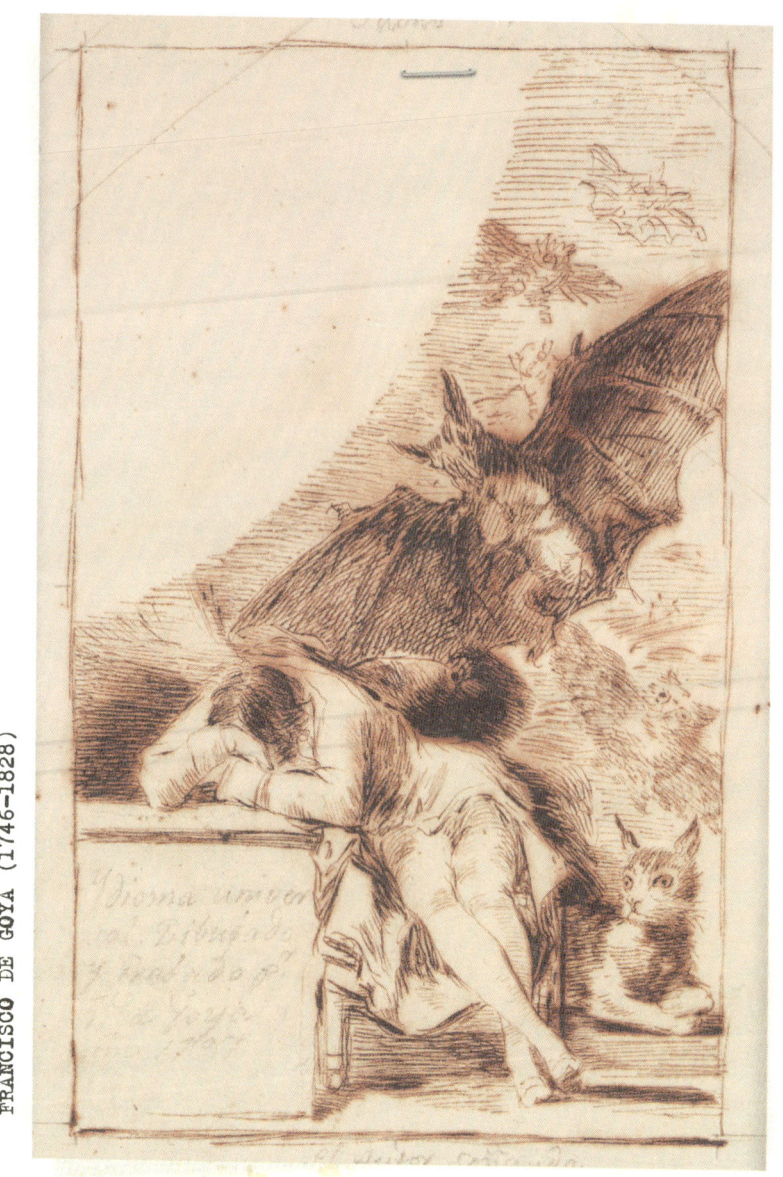

„Der Traum der Vernunft gebiert Ungeheuer" (1799)
FRANCISCO DE GOYA (1746–1828)

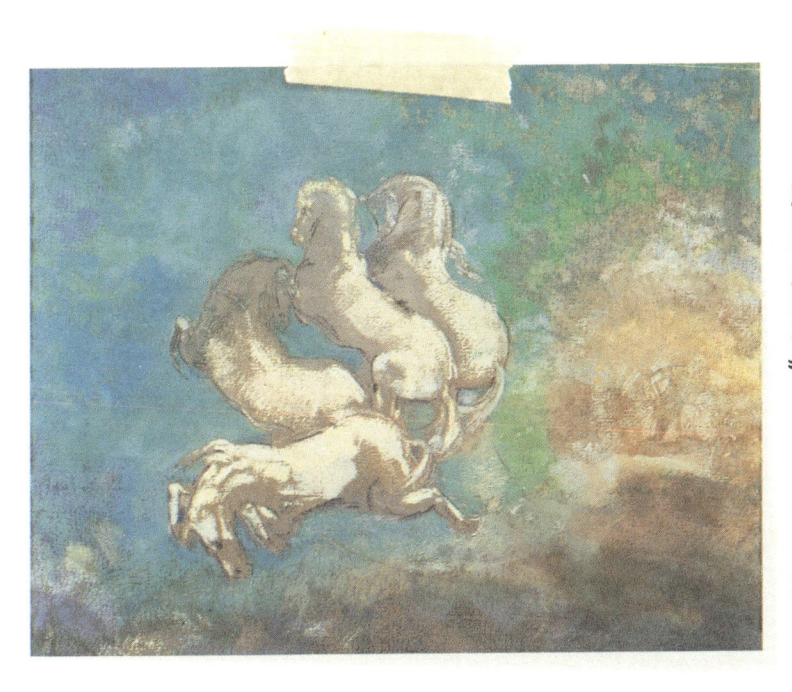

„Apollons Sonnenwagen" ODILON REDON (1840–1916)

EINBILDUNGSKRAFT UND FANTASIE

Ihr Skizzenbuch ist das perfekte Testgelände, um Ihrer Fantasie die Zügel schießen zu lassen. Ohne den Druck, ein „richtiges" Bild gestalten zu müssen, können Sie hier frei mit Ideen und Techniken experimentieren. Halten Sie Gedanken, Beobachtungen und Tagträume fest.

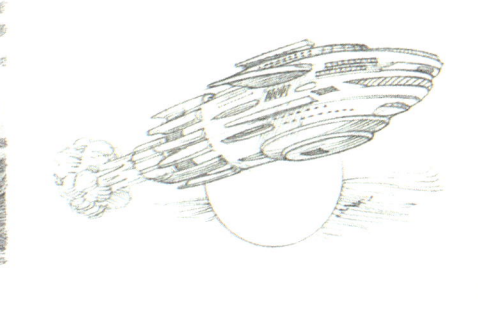

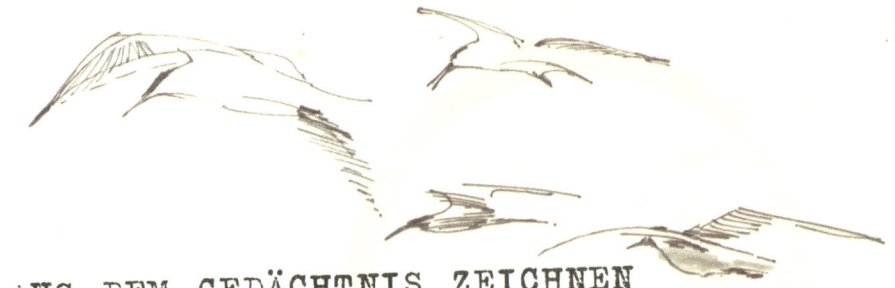

AUS DEM GEDÄCHTNIS ZEICHNEN

Aus Erfahrung wissen wir alle, dass bestimmte Gerüche Erinnerungen an längst Vergangenes auslösen können. Auf die gleiche Weise kann eine Zeichnung eine erlebte Szene wieder ins Gedächtnis rufen. Das gilt auch für eine flüchtige Kritzelei oder eine kleine Detailstudie, denn wenn man etwas zeichnet, beobachtet man es sehr genau: Es „brennt" sich dann in das geistige Auge ein. Einige wenige Striche und Farbakzente bedürfen nur Ihres visuellen Gedächtnisses, um die Szene von damals wieder lebendig werden zu lassen. Wenn Sie Bildmaterial sammeln, achten Sie nicht auf belanglose Details. Es geht nur um das Wesentliche: die Schlüsselfarben, wichtige Tonwerte und Formen, die den Reiz eines Themas verbildlichen.

* „SOUVENIRS" wie Kiesel, Muscheln, Federn und Blätter, die man bei einem Spaziergang gesammelt hat, können Erinnerungen an besondere Orte wachrufen. Auch für sich genommen sind sie interessante Motive.

Der Zeichner bemühte sich nicht um eine differenzierte Ausarbeitung. Trotzdem versteht man sofort, worum es bei diesem Aquarell geht: um die Atmosphäre und Stimmung des Ortes.

MIT DER KREATIVITÄT SPIELEN

Haben sie gerade eine Zeichenblockade? Sie wollen zwar zeichnen, wissen aber einfach nicht was? Dann kritzeln Sie auf einem großen Blatt Papier herum, ohne an etwas Besonderes zu denken. Schon bald wird Ihnen etwas auffallen, was sie fesselt und sich als Thema anbietet. Als Kinder haben wir alle Tintenklecksbilder gemalt. Die Idee, aus Zufallsformen ein Werk zu gestalten, geht auf Leonardo da Vinci zurück. Er ermutigte Künstler, in fleckigen Wänden, ziehenden Wolken oder glimmender Ofenglut Bilder zu entdecken. Im 18. Jahrhundert arbeitet Alexander Cozens in England mit Farbklecksen: Er spritzte Tinte auf Papier, bis sich aus den Klecksen eine Folge von Zufallsformen ergab. Aus diesen gestaltete er Landschaftsansichten und andere Themen.

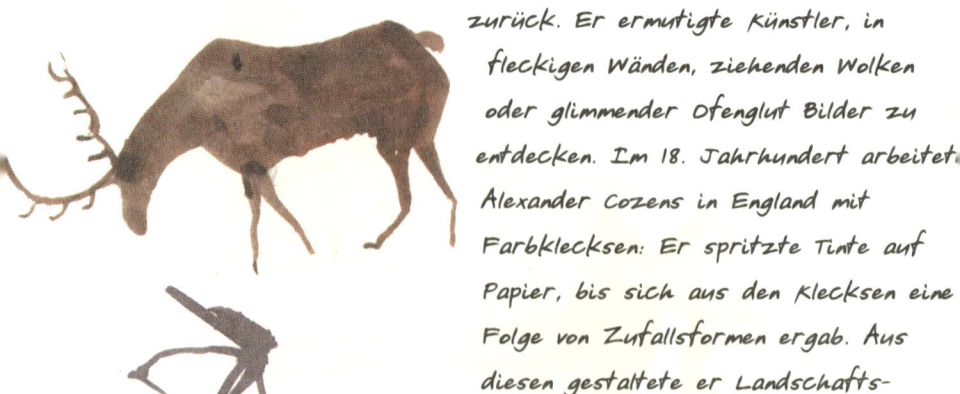

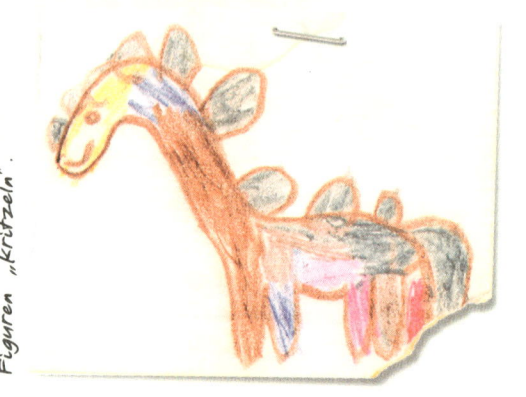

Kinder können fantasievolle Figuren „kritzeln".

ÜBUNG

Lassen Sie einmal Tusche von einem Pinsel auf Papier tropfen. Studieren Sie die Zufallsmuster, bis im Geist ein Bild entsteht – vielleicht ein stürmisches Meer oder eine Landschaft. Es lässt sich durch ergänzende Striche entwickeln. Die Wirkung können Sie variieren, indem Sie mit trockenem oder nassem Papier arbeiten.

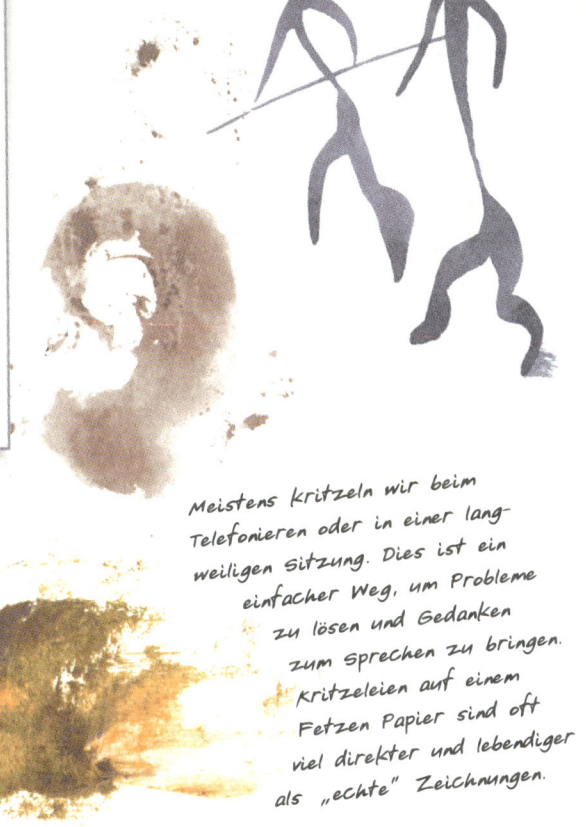

Meistens kritzeln wir beim Telefonieren oder in einer langweiligen Sitzung. Dies ist ein einfacher Weg, um Probleme zu lösen und Gedanken zum Sprechen zu bringen. Kritzeleien auf einem Fetzen Papier sind oft viel direkter und lebendiger als „echte" Zeichnungen.

„Betrachte die Flecken an der Wand, die Asche im Ofen, die Wolken oder den Rinnstein: Beim genauen Beobachten wirst du dort Wunderbares entdecken" Leonardo da Vinci, „Traktat über die Malerei"

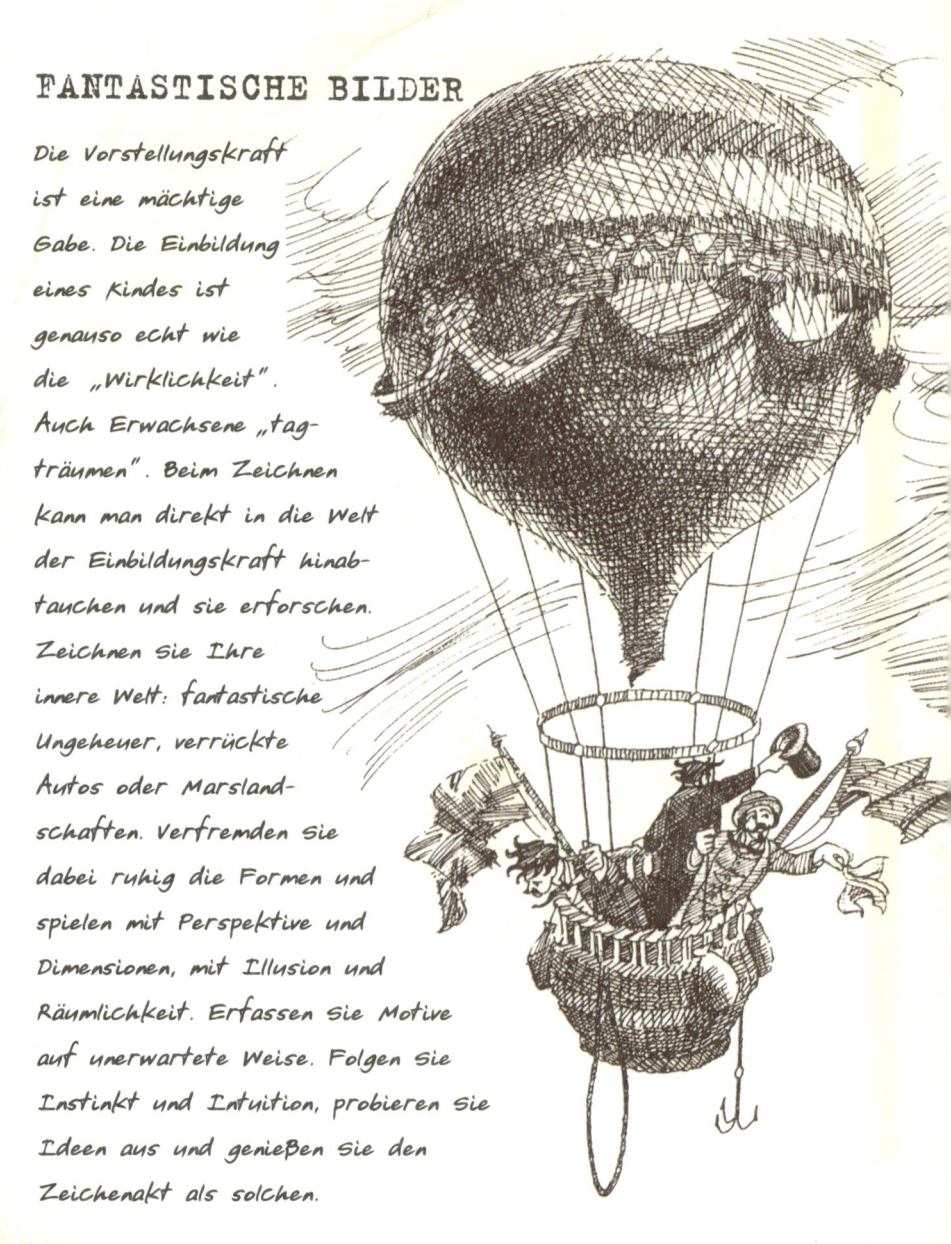

FANTASTISCHE BILDER

Die Vorstellungskraft ist eine mächtige Gabe. Die Einbildung eines Kindes ist genauso echt wie die „Wirklichkeit". Auch Erwachsene „tagträumen". Beim Zeichnen kann man direkt in die Welt der Einbildungskraft hinabtauchen und sie erforschen. Zeichnen Sie Ihre innere Welt: fantastische Ungeheuer, verrückte Autos oder Marslandschaften. Verfremden Sie dabei ruhig die Formen und spielen mit Perspektive und Dimensionen, mit Illusion und Räumlichkeit. Erfassen Sie Motive auf unerwartete Weise. Folgen Sie Instinkt und Intuition, probieren Sie Ideen aus und genießen Sie den Zeichenakt als solchen.

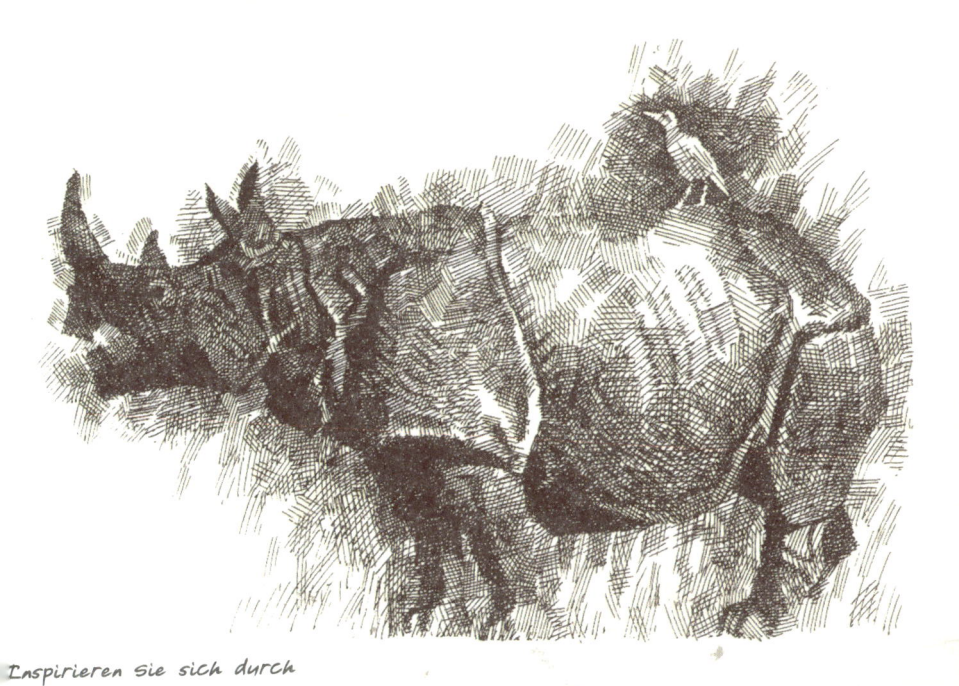

Inspirieren Sie sich durch
Paul Klee und lassen Sie
einmal „eine Linie spa-
zieren gehen". Setzen
Sie planlos Striche,
die ein wirkliches
Objekt oder einen
fantastischen
Gegenstand darstellen
könnten. Stift oder Feder
halten die freie Bewegung der
Hand fest, wenn Sie sich vom
Unbewussten leiten lassen.
Ihr Bild können Sie
auch entwickeln, indem
Sie es in einer weiteren
Zeichnung ausarbeiten.

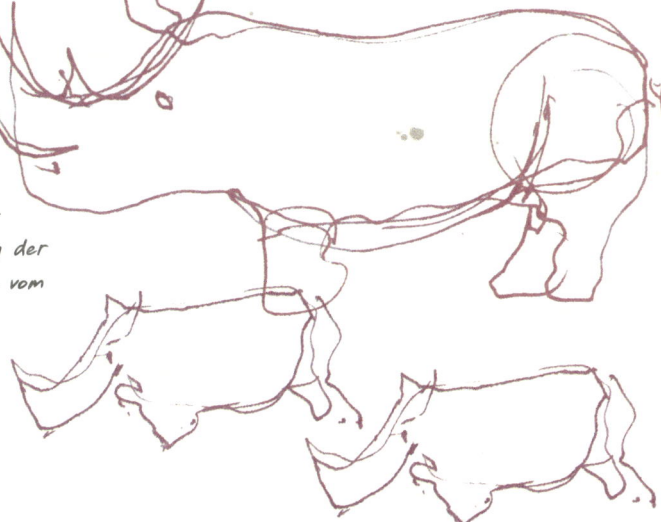

VON MEISTERN LERNEN Schon vor der Renaissance haben Künstler die Werke großer Meister abgemalt. In vielen Museen und Galerien werden Zeichnungen und Skizzenbücher ausgestellt. Nehmen Sie Ihres mit und zeichnen Sie Werke, die Ihnen gefallen. Oder suchen Sie sich eine schöne Abbildung in einem Kunstband. Es geht nicht darum, eine genaue Kopie zu erstellen: Der Zeichenakt stellt einen Prozess des Suchens und Entdeckens dar. Sie werden feststellen, dass Sie wertvolle Einblicke in die persönliche Handschrift eines Künstlers und in seinen Umgang mit Farbe, Linie und Komposition erhalten.

„Porträt eines Knaben"
PETER PAUL RUBENS (1577–1640)

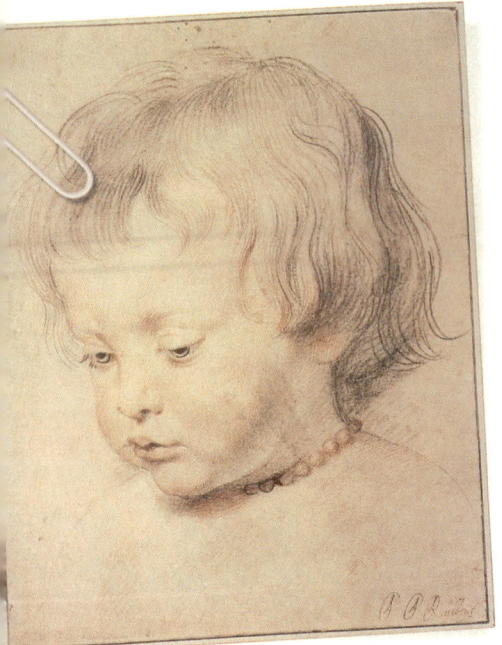

REMBRANDT war einer der größten Zeichner überhaupt. Ihn faszinierte das Spiel von Licht auf Körpern. Mit wenigen Feder- oder Pinselstrichen konnte er hervorragend Stimmungen ausdrücken.

RUBENS war ein Meister darin, durch Licht und Schatten Körper überzeugend zu gestalten. Er schuf sehr einfühlsame Zeichnungen und arbeitete dabei mit feinen Schraffuren.

VAN GOGH Ebenso wie seine Gemälde sind auch die Rohrfederzeichnungen von van Gogh besonders ausdrucksstark. Charakteristisch für ihn sind rasche Schraffuren und kräftige Linien.

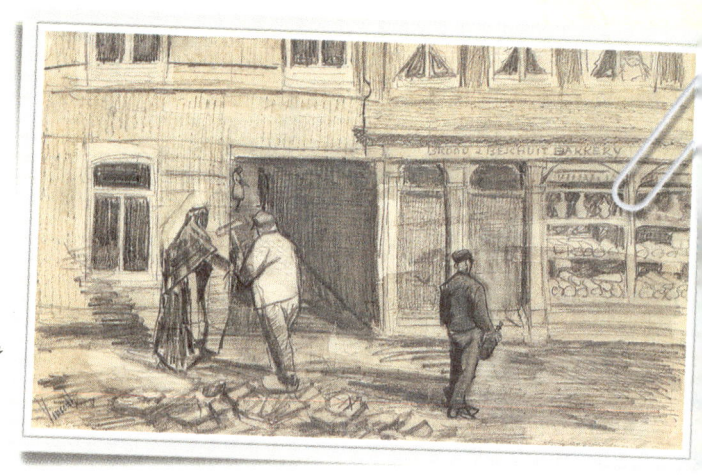

„Die Bäckerei in de Geest" VINCENT VAN GOGH (1853-1890)

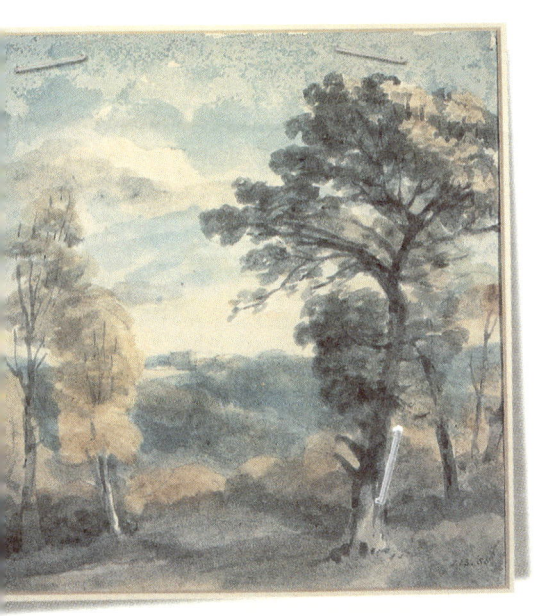

TURNER stellte in unzähligen Aquarellen seine Fähigkeit unter Beweis, mit einigen schnellen Strichen das Wesentliche einer Szene zu erfassen.

CONSTABLE fertigte im Freien viele Bleistift- und Aquarellzeichnungen an. Die Lichtstimmungen von Wetter und Tageszeit hielt er mit unerreichter Frische und Unmittelbarkeit fest.

„Landschaft mit Bäumen und einem Herrenhaus in der Ferne" JOHN CONSTABLE (1776-1837)

REGISTER

Ähnlichkeit 73
Alltagsgegenstände 23
Anatomie 48 f., 60 f.
Aquarellpapier 13
Architekturdetails 104 f.
Auftragen 31
Aussicht 108 f.

Babys 80 f.
Bars 39, 115
Bäume 130 f.
Bildertagebuch 7, 107, 111
Bleistift 8, 28 f.
Blick nach draußen 44 f.
Blumen 122 f.

Cafés 39, 114 f.
Constable, J. 141

Da Vinci, Leonardo 137
Decken 33

Einbildungskraft 132-139

Familienmitglieder 70 f.
Farbe 10, 20 f.
Farben 11
Farbstifte 10, 113
  wasserlösliche 10
Feder 9
Fell 50 f.
Fernsehen 116 f.
Filzstifte 11, 113
Form 36 f., 120 f.
Freunde 70 f.
Füße 68 f.

Garten 86 f.
Gebäude 100-109
Gedächtnis 134 f.
Gefieder 50 f.

Hände 68 f.
Härtegrade von Bleistiften 29
Himmel 96 f.
Hunde 49, 54 f.

Innenräume 34-45
Inspiration 14

Katzen 48, 50-53
Kinder 76-83
  größere 82 f.
Klee, P. 139
Kleinkinder 78 f.
Kohle 9, 30 f.
Komposition 16 f., 90 f.
Köpfe 66 f.
Körper 26 f., 65
Kreativität 136 f.
Kreide 10
Kreuzschraffuren 31, 33
Kritzeln 136 f.
Künstler 140 f.

Landschaften 84-99
Lavierung 33
Luftperspektive 94 f.

Menschen 58-83, 110-117

Messen 62 f.
Modellzeichnen
  74 f.

Nahansicht 128
Natur 118-131
Naturgegenstände
  120, 126 f.
Negativformen 37

Ölkreide 10
Orte 110-117

Papier 13
  getöntes 13
Pastellstifte 10
Perspektive 18 f.,
  24 f., 42 f.,
  94 f., 102 f.
Pflanzen 122 f.
Picasso 14
Positivformen 37
Proportionen
  62 f., 83

Rahmen 16
Reiseskizzen 112 f.
Rembrandt 140
Requisiten 75

Rötel 9
Rubens 140

Schraffur 31
Scribbeln 33
Seestücke 92 f.
Skizzenbuch 6 f.
  auswählen 12 f.
Standardpapier 13
Strand 126 f.
Stühle 43

Tagebuch 7, 107
Tiere 47-57,
  124 f.
Tipps 30, 39, 71,
  125
Tonwert 20 f.
Turner, J.M.W. 141
Tusche 9, 32 f.

Übungen 27, 28, 33,
  36, 40, 44, 54,
  72, 74, 98, 127,
  128, 137
Urlaub 106-109

Van Gogh, V. 141,
  144

Verwischen 31
Vögel 56 f.
Volumen 65

Wolken 96 f.

Zeichenblockade 136
Zeichenmaterial
  8-11
Zeichenpapier 13
Zeichenzubehör 12
Zeichnen
  beginnen 14 f.
  Einbildungskraft
    132-139
  Gebäude 100-109
  im Freien 88 f.
  in Innenräumen
    34-45
  Kinder 76-83
  Landschaften
    84-99
  Menschen
    58-83,
    110-117
  Natur 118-139
  Tiere 47-57
Zeichnung, monochrome
  8

DANKSAGUNG

Der Verlag bedankt sich bei folgenden Bildrechteinhabern:

✻ Accademia, Venedig: 76 u.

✻ The Bridgeman Art Library, London: 22 o. (Fitzwilliam Museum, Cambridge); 22 u. (Potteries Museum and Art Gallery, Stoke-on-Trent); 23 o. (Galerie Daniel Malingue); 34 o. (Leamington Spa Art Gallery); 34 u. (Stapleton Collection); 46 o. (Harris Museum and Art Gallery, Preston); 46 u.l. (Öffentliche Kunstsammlung, Basel); 47 o. (Castle Museum and Art Gallery, Nottingham); 76 o.l. (Gavin Graham Gallery); 76 u., 85 o., 100 u., 111 o., 119 o. (Privatsammlung); 81 u. (Scottish National Portrait Gallery); 84 o. (Ashmolean Museum, Oxford); 84 u. (The Fine Art Society); 110, 141 o. (Haags Gemeente Museum, Niederlande); 118 o. (Raditschew-Museum Saratowa); 118 o. (Phillips Fine Art Auctioneers); 133 o. (Louvre, Paris); 140 (Graphische Sammlung, Albertina, Wien); 141 u. (Victoria and Albert Museum, London).

✻ BAL/Christie's, London: 100 o., 101 o.: BAL/Giraudon: 77 o. (Musée d'Orsay, Paris).

✻ Corbis, London: 35 o. (mit Genehmigung der Trustees of the National Gallery, London), 42 (Francis G. Mayer), 58 l. (Bettman), 59 o. (Kimbel Art Museum), 132 (Archivo Iconografico, S.A.)

✻ Hulton Getty, London: 54 u.r.

✻ Eadweard Muybridge: 125 o.

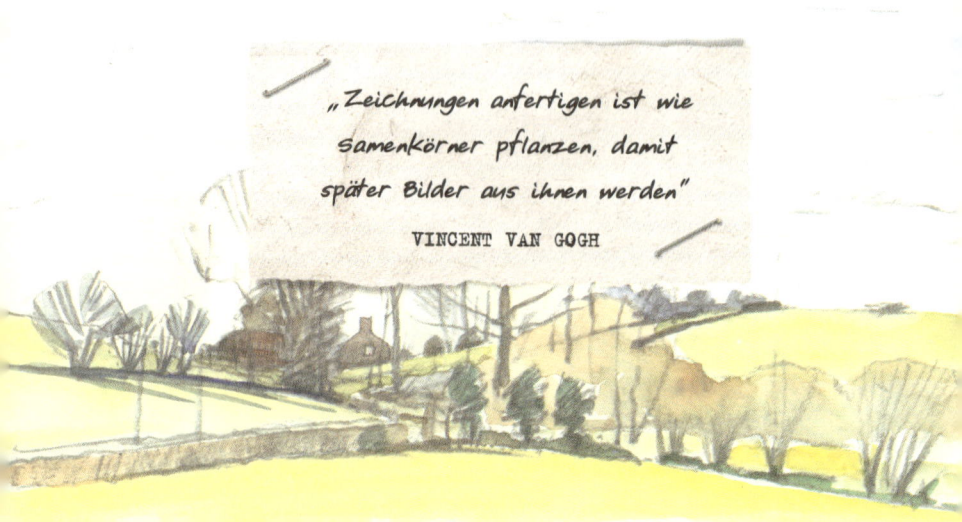

„Zeichnungen anfertigen ist wie Samenkörner pflanzen, damit später Bilder aus ihnen werden"

VINCENT VAN GOGH